… A pesar de todo,
decir sí a la vida

… A pesar de todo, decir sí a la vida

Tres conferencias y un esbozo autobiográfico

VIKTOR E. FRANKL

Traducción y notas de Carlos Díaz

El presente volumen se compone de dos partes:
«… A pesar de todo, decir sí a la vida» recoge las tres conferencias que integran el volumen … *trotzdem ja zum Leben sagen. Drei Vorträge*, originalmente publicado en alemán (Viena, Franz Deuticke, 1946-1947);
«Un esbozo autobiográfico», publicado en alemán bajo el título de «Eine autobiographische Skizze», en el volumen *Die Sinnfrage in der Psychotherapie* (Munich, Piper Verlag, 1981).

© Viktor E. Frankl, publicado con permiso del Estate of Viktor E. Frankl
© de la traducción, Carlos Díaz, 2016
© de la presente edición: Plataforma Editorial, 2016

Primera edición en esta colección: septiembre de 2016
Decimosexta edición: enero de 2026

www.viktorfrankl.org

Plataforma Editorial
c/ Muntaner, 269, entlo. 1ª – 08021 Barcelona
Tel.: (+34) 93 494 79 99
www.plataformaeditorial.com
info@plataformaeditorial.com

Depósito legal: B.14238-2016
ISBN: 978-84-16820-20-7
THEMA: DN
Printed in Spain – Impreso en España

Diseño de cubierta:
Ariadna Oliver

Realización de cubierta y fotocomposición:
Grafime

El papel que se ha utilizado para imprimir este libro proviene de explotaciones forestales controladas, donde se respetan los valores ecológicos, sociales y el desarrollo sostenible del bosque.

Imprenta:
Podiprint

Reservados todos los derechos. Quedan rigurosamente prohibidas, sin la autorización escrita de los titulares del *copyright*, bajo las sanciones establecidas en las leyes, la reproducción total o parcial de esta obra por cualquier medio o procedimiento, comprendidos la reprografía y el tratamiento informático, y la distribución de ejemplares de ella mediante alquiler o préstamo públicos. Si necesita fotocopiar o reproducir algún fragmento de esta obra, diríjase al editor o a CEDRO (www.cedro.org).

Índice

Nota preliminar   9
Prólogo del doctor Gerónimo Acevedo   11
Del traductor, para evitar un posible equívoco   17

... A pesar de todo, decir sí a la vida   21

Prólogo del doctor Leopold Langhammer   25
Sobre el sentido y el valor de la vida I   27
Sobre el sentido y el valor de la vida II   68
Experimentum crucis III   108

Un esbozo autobiográfico   145

Notas a la traducción   195

Nota preliminar

El presente volumen recoge por vez primera en lengua castellana tres conferencias que Viktor Frankl pronunció en Viena, en 1946, tras su experiencia como prisionero en varios campos de concentración durante la Segunda Guerra Mundial. Los tres textos surgidos de las conferencias vieron la luz aquel mismo año. En 1981 volvieron a publicarse, con algunas modificaciones, en *Die Sinnfrage in der Psychotherapie*. Precisamente a este último título pertenece el cuarto de los textos, igualmente inédito en castellano, que integran nuestra edición: «Un esbozo autobiográfico».

Agradecemos muy especialmente a Franz Vesely su confianza al permitirnos publicar esta obra. También damos las gracias a la Asociación Española de Logoterapia (AESLO) por su apoyo y su interés en este proyecto, así como a Carlos Díaz por su traducción fiel y sus valiosas anotaciones.

Prólogo

La propuesta de Viktor Frankl incluye el pensamiento de Freud sobre «la psicopatología de la vida cotidiana», pero, desde una visión existencial, amplía la mirada a una «metafísica de la cotidianidad».
Ya en sus escritos juveniles decía: «El neurótico no puede ser feliz porque no es un apasionado de la vida, la desprecia, la desacredita, la odia. La tarea del psicoterapeuta es entonces la de devolverle, en plenitud, el amor por la vida y por la comunidad, y esto a través de una discusión crítica, en la cual el sentido de la vida y el valor de la comunidad resultan evidentemente no demostrables, sino dados, no perseguibles, pero íntimamente arraigados en los intereses personales, porque la vía que conduce a la felicidad personal, a la satisfacción, a la *beatitudo*, pasa a través del sentido de la comunidad, el coraje de vivir, la *virtus*».
Frankl incluye en la cotidianeidad el sentido del momento, como un universal situado y en situación, encarnando y articulando el sentido *de* la vida con el sentido *en* la vida (situacional). Así lo leemos en el presente libro:

«Lo que hemos venido diciéndoles hasta ahora mismo giraba en torno a la cotidianidad, e incluso hemos llegado a pronunciar en un momento determinado la expresión "metafísica de la cotidianidad". Yo espero ahora que ustedes comprendan correctamente que no nos hemos propuesto tan sólo, por así decirlo, hacer visible la cotidianidad –que aparentemente es tan gris, tan banal, tan manida– y a través de ella dejarnos llevar a lo eterno, sino que en última instancia hemos querido ver cómo esto eterno repercute en lo temporal, en lo diario, en lo cotidiano, en los parajes de un encuentro permanente de lo finito con lo infinito. Esto significa la sacralización del día a día y la posibilidad de "bendecirlo"».

Su consigna de «llevar a la realidad el contenido de cada naturaleza» pone en marcha el círculo valioso del sentido, buscarlo en el aquí y ahora, percibirlo, vivenciarlo y realizarlo, dando sentido a nuestra existencia.

Más adelante dice: «Somos nosotros quienes tenemos que responder, los que tenemos que dar respuesta a la cuestión permanente, de hora en hora, a las "cuestiones de la vida". El mero hecho de vivir no significa en sí mismo sino ser preguntado, todo nuestro ser no va más allá de un responder, de un dar respuesta a la vida» y agrega: «Sin embargo, la cuestión que a nosotros nos plantea la vida, y en cuya respuesta responsable podríamos realizar nuestro instante definitivo, no solamente cambia de hora en hora, sino que, además, cambia también de un ser humano a otro de una forma totalmente diferente. Y, al propio tiempo, también vemos de este modo cuán neciamente se plantea la cuestión del sentido de la vida cuando no se sitúa en toda su concreción, en la concreción del aquí y del ahora. Desde esta perspectiva, preguntar por el "sentido de la vida" ha de parecernos tan ingenuo como, por ejemplo, la pregunta de un reportero que entrevista a un campeón mundial de ajedrez preguntándole: "Así pues, respetable maestro, dígame, ¿cuál es para usted el mejor movimiento?". Pues ¿acaso hay uno solo, un solo movimiento que pudiera ser no sólo bueno, sino incluso el mejor, y en todo caso al margen de una situación del juego concreta y totalmente definida, al margen de una posición concreta de las figuras sobre el tablero?».

La propuesta de la logoterapia es inclusiva porque incluye lo excluido, la dimensión espiritual; integrativa porque integra lo biológico, lo psicológico, lo social y lo espiritual; interactiva porque lo considera dinámicamente, como «ser siendo»; existencial, desde el sentido en la vida y en los valores de creación, vivenciales y actitudinales, como caminos para el sentido.

La importancia del presente trabajo es que, pese a haber sido escrito hace setenta años, tiene una vigencia plena en la problemática actual. La sutil combinación de pensamientos profundos, articulados con ejemplos comprensibles, es una de las características más destacadas de Viktor Frankl.

* * *

Hace sesenta años encontré a un hombre muy erudito de quien yo no había leído nada, a pesar de lo mucho que había escrito. Sentí que «vivía lo que hablaba» y «hablaba lo que vivía». Ese hombre era Viktor Frankl. Decía algo que aún está vivo dentro de mí: «A pesar de todo, sí a la vida». Meses después de haberlo escuchado estuve preso por defender mis ideales. En esos quince días de injusta prisión, incomunicado, tuve miedo; se vivían momentos de odio y enfrentamientos políticos y el «a pesar de todo, sí a la vida» me generó confianza, y la confianza me salvó de la locura.

Desde su presencia en Argentina nos unió una larga amistad con Viktor y Elly, su incansable compañera, que se extendió hasta sus nietos. Desde entonces vivimos encuentros profesionales y familiares que siguen enriqueciendo nuestras vidas. Elly nos visitó en octubre del año 1999 cumpliendo un deseo de Viktor y fue a Mar del Plata, lugar en que Frankl había dictado varias conferencias, relatándonos con emoción cómo sentía el afecto recibido en Argentina. Al terminar el evento bailamos un tango.

Como consecuencia del impacto que provocó la presencia inicial de Viktor Frankl, uno de sus discípulos argentinos, el doctor Jorge David, con expresa autorización del profesor, tradujo por primera vez a un idioma extranjero, el castellano, el libro *El Homo Pa-*

tiens (Buenos Aires, Editorial Plantín, 1955). Este fue el primer libro del maestro vienés publicado en nuestro idioma.

Hoy sigue teniendo gran importancia la propuesta de Viktor Frankl entre los lectores de habla castellana, por lo que es muy valiosa la tarea de la Asociación Española de Logoterapia (AESLO), no sólo con sus actividades académicas de profundización y difusión de la logoterapia, sino también su intervención para que este libro fuera publicado en castellano. Personalizando ese esfuerzo, citaremos a Luis de la Peña, por su localización del material inédito en castellano y su contacto y gestiones con la editorial Plataforma, a la presidenta de AESLO, Mª Ángeles Noblejas, por su intermediación con la familia Frankl para los derechos de autor y sus sugerencias en la traducción, y al amigo Carlos Díaz en la tarea de traducción.

De esta manera, como dice Frankl, «estoy convencido que todo lo verdadero se conserva, se transforma auténticamente en servicio, en una existencia verdadera, en una comunión que adhiere a la vida y a la realidad, en acción en el ámbito cotidiano». La logoterapia, entonces, no es un conjunto de bellas y buenas ideas, sino una teoría que culmina en acción, estableciendo el primado de la razón práctica frente a la razón teórica, «pasando así directamente a la acción», como lo hicieron Luis y Mª Ángeles.

DOCTOR GERÓNIMO ACEVEDO
Grand Award 2004 of Viktor Frankl Foundation (Viena),
por su vida dedicada a la logoterapia y a la psicoterapia humanista

Del traductor, para evitar un posible equívoco

Bajo el mismo título de... *A pesar de todo, decir sí a la vida* (*Trotzdem ja zum Leben sagen*) existen dos publicaciones de nuestro autor. La primera de ellas –a la cual denominamos aquí a efectos didácticos *Frankl I*–, que ahora se traduce al castellano por primera vez, contiene una serie de tres conferencias que Viktor E. Frankl dictó durante los meses de marzo y abril de 1946 en la Universidad Politécnica de Viena-Ottakring.[1] Junto a ésta existe una segunda publicación –llamémosla *Frankl II*– con idéntico título –*Trotzdem ja zum Leben sagen*–, la cual a su vez contiene dos libros muy connotados, el primero de ellos *El hombre en busca de sentido*, y el otro *Sincronización en Birkenwald. Una conferencia metafísica*,[2] ambos traducidos a nuestro idioma. Ni que decir tiene que, por ser la presente obra de Frankl también su primera publicación sobre su crucial experiencia en el universo concentracionario, el valor de la misma resulta definitivo en la génesis del psiquiatra vienés, y ello no sólo para el público en general, sino también para los estudiosos en particular.

Por su especial significado quisiera finalmente traer a colación con ocasión del presente *Frankl I* algunas de las palabras de Hans Weigel que en junio de 1977 servían de prólogo en Maria Enzersdorf al *Frankl II*: «En el campo de concentración, en situación extremadamente desconsolada y desesperanzada, Viktor Frankl había imaginado consuelo y esperanza en el futuro: "Estando en el campo me imaginaba a mí mismo como si me hallara en una tribuna de orador en un salón de conferencias grande, hermoso, caliente y diáfano a punto de impartir ante una audiencia interesada una conferencia titulada *Experiencias psicoterapéuticas en el campo de concentración* y de hablar precisamente de todo aquello que yo había acabado de vivir". Y ahora se encontraba en ese salón de conferencias grande, hermoso, caliente y diáfano, y habló. No sólo su fantasía terapéuticamente profética, también su enseñanza quedó triunfalmente consagrada. Él pudo vivir esa velada porque ya la había vivido anticipadamente en su espíritu. La cosa había comenzado treinta años antes. En efecto, en un pequeño teatro subterráneo se había organizado en 1946 una discusión. Un hombre, al que nadie conocía, subió al escenario. Le estoy viendo delante de mí. Era pequeño, subalimentado como todos nosotros entonces. Habló y los presentes se dieron cuenta de la importancia de aquel instante, en el cual citó también un libro que aparecería próximamente: *Ärztliche Seelsorge* («El cuidado espiritual médico», publicado en castellano con el título de *Psicoanálisis y existencialismo*). Aquella noche, en ese instante, parecía cumplirse el regreso de Viktor Frankl a la vida espiritual de Viena: llegó a ser docente, luego catedrático, pasó a ser director de una clínica de neurología y psiquiatría, y continuó esa carrera que tan trágica y cruelmente había interrumpido en marzo de 1938».

... A PESAR DE TODO, DECIR SÍ A LA VIDA

(Tres conferencias pronunciadas en la Universidad Politécnica de Viena-Ottakring en 1946)

Al padre muerto[3]

Prólogo

Con este escrito, ... *A pesar de todo, decir sí a la vida* (*Trotzdem ja zum Leben sagen*), hacemos pública una serie de conferencias del doctor Viktor E. Frankl dictadas durante los meses de marzo y abril de 1946 en la Universidad Politécnica de Viena-Ottakring.

El conferenciante, docente durante más de diez años en una de nuestras universidades politécnicas, eligió para el primero de sus cursos el tema tan importante de la Higiene Psíquica. Que las cuestiones del sufrimiento espiritual gozan hoy de una actualidad especial es algo que se puso ya de relieve en la resonancia que encontró el recientemente aparecido libro de Frankl *Psicoanálisis y existencialismo* (*Ärztliche Seelsorge*). Tanto más apetecible hubo de parecer a su autor el haber salido airoso en una serie de conferencias como las presentes dictadas ante un amplio público, precisamente su antiguo círculo de oyentes de la Universidad Politécnica de Viena-Ottakring. Deberíamos, además, tener en cuenta el mérito por haber logrado acercar a círculos aún más amplios aquellos fundamentos que hacen tan valioso a nuestros ojos el presente libro de Frankl. Sin embargo, lo que resalta en la esencia del ideario en él contenido es el dirigirse –más allá de la sala de conferencias de las universidades politécnicas– también a los seres humanos presentes en el día a día de esta época. Ninguna de las cuestiones aquí suscitadas posee felizmente hoy aquella ardiente actualidad que hasta hace poco les era consustancial, razón por la cual debe justamente manifestarse y mostrarse en su entera importancia la actitud espiritual con la que aquí son expuestas. Que esto, en particular, se haya logrado en orden a una psicología del campo de concentración es algo de lo que yo mismo –en cuanto camarada de Frankl en el campo de concentración– estoy convencido.

DOCTOR LEOPOLD LANGHAMMER,
jefe de sección de Formación Popular de Viena

Sobre el sentido y el valor de la vida

... A pesar de todo, nosotros queremos decir sí a la vida.
(Estrofa de la canción del campo
de concentración de Buchenwald).[4]

I

Quizá pueda resultar hoy más necesario que nunca hablar del sentido y del valor de la vida; la cuestión es, sin embargo, si y cómo también sea ello «posible». En cierto sentido resulta hoy incluso más fácil: se podría volver a hablar nuevamente sobre todo lo que se encuentra en íntima conexión con el problema del sentido de la existencia humana y de su valor, así como de la dignidad del ser humano. En otro sentido, sin embargo, se ha vuelto en nuestros días más difícil hablar de «sentido», de «valor» y de «dignidad». Así las cosas, deberíamos preguntarnos: ¿pueden todavía hoy semejantes palabras ser traídas a la boca sin más? ¿No ha llegado a ser de alguna manera cuestionable en sí mismo el sentido de estas palabras? ¿Acaso no se ha hecho en los últimos tiempos demasiada propaganda negativa contra todo aquello que estas palabras significan, contra todo lo que en su tiempo significaran?

¡Poco a poco la propaganda de los últimos años se ha ido igualando a una propaganda contra el sentido general y contra el valor cuestionado del ser-ahí!⁵ Pues estos años han intentado, precisamente, demostrar el no valor de la vida humana.⁶

Desde Kant supo el pensamiento europeo proclamar claramente la auténtica dignidad del ser humano; el propio Kant, en la segunda formulación de su imperativo categórico, había dicho ya que, si bien todas las cosas tienen su valía, el ser humano, sin embargo, tiene su dignidad, razón por la cual este último nunca debería ser tratado como un medio, sino como un fin en sí mismo. Sin embargo, con el comienzo del orden económico de los últimos decenios, los seres humanos trabajadores, en su mayor parte considerados como simples medios, fueron indignificados cual simples medios para la vida económica. El trabajo no supuso ya un medio para un fin, el fin de la vida, un medio de vida, sino que el ser humano y su vida, su fuerza vital, su fuerza de trabajo, fueron tratados como medios para alcanzar el fin.

Y luego vino la Guerra, una guerra en la cual el ser humano y su vida fueron puestos al servicio incluso de la muerte. Y vinieron los campos de concentración. En ellos esa vida, que se había considerado, eso sí, como merecedora de muerte, fue explotada hasta en su último trecho. ¡Cuánta desvalorización de la vida, cuánta insignificación y cuánto rebajamiento del ser humano aquí! Recordemos –a fin de medirlo en toda su magnitud– que aquel Estado explotó incluso a todos los por él condenados a muerte utilizando de alguna manera su fuerza de trabajo hasta el último instante de su vida tasada, alegando, entre otras cosas, que eso sería más razonable que matar sin más demora a tales seres humanos, y más aún que alimentarlos a lo largo de sus vidas. O que en los campos de concentración se nos consideraba a menudo tan bajo como si fuéramos «la sopa sin valor», aquella sopa que se nos despachaba en los campos de concentración como única comida durante el día y cuyos costos tuvimos que pagar nosotros mismos en concepto de trabajos forzosos en obras de construcción. Nosotros, los indignos, debíamos además corresponder a semejante inmerecido regalo gratuito: al ser recibidos en el campo, los prisioneros tenían que quitarse la gorra. En suma que, así como nuestra vida no valía siquiera una sopa, así tampoco nuestra muerte tenía siquiera más valor que el de una bala de plomo, pues únicamente valía esto: Zyklon B.[7]

Finalmente se llegaron a producir asesinatos en masa en los manicomios. Aquí resultaba público y notorio que toda aquella vida que ya no era «productiva» –ni siquiera en su forma más pobre– se tenía literalmente por «indigna de ser vivida».

Pero, como decíamos atrás, el sinsentido mismo ha sido propagado por nuestra época. ¿De qué manera se relaciona el sinsentido con nuestra época?

Nuestro sentimiento de la vida, desde luego, apenas deja demasiado lugar para la fe en el sentido. Vivimos en un periodo de posguerra típico. Aunque un poco periodísticamente, la disposición de ánimo, vale decir, la situación anímica del ser humano de hoy, puede ser caracterizada perfectamente como «bombardeada anímicamente». Todo lo cual no sería tan grave si, al propio tiempo, no dominara por doquier el sentimiento de que estamos volviendo a vivir una situación de preguerra. La invención de la bomba atómica alimenta el miedo a una catástrofe de dimensiones mundiales, y una especie de decadencia del mundo enseñoreándose del final del segundo milenio adveniente. Parecidas conciencias de decadencia del mundo ya las hemos conocido en la historia. Las hubo al comienzo y al final del primer milenio. Y en el siglo pasado hubo, como es bien sabido, un espíritu de *fin de siècle*, época que no fue la única caracterizada por su derrotismo, sino que, además, en la base de todas estas conciencias derrotistas se halla un fatalismo.

Ahora bien, con un fatalismo semejante no podemos sacar adelante ninguna reconstrucción espiritual. Ante todo debemos superarlo. Y para eso deberíamos tener en cuenta una cosa: que simplemente con un optimismo barato hoy ya no se puede dejar atrás lo que los últimos tiempos han traído consigo. Hemos llegado a convertirnos en pesimistas. Ya no creemos sin más en un progreso puro y simple, en una evolución superior de la humanidad como si fuera algo que pudiera producirse de suyo. La fe ciega en el progreso automático ha pasado a ser una ocupación del espíritu del provinciano burgués satisfecho, y hoy esa fe resultaría reaccionaria. Hoy sabemos de qué es capaz el ser humano. Y, si existe una diferencia fundamental en la manera de entender entre los tiempos pasados y los actuales, quizá podría caracterizarse de la mejor manera posible por lo siguiente: antes el optimismo se ayuntaba con el pesimismo, mientras que hoy en día el activismo tiene como presupuesto un pesimismo. Pues hoy cada esfuerzo realizado en orden a la acción parte de la convicción de que no existe progreso alguno al que uno pudiera abandonarse confiadamente; si hoy no podemos quedarnos de brazos cruzados, es porque depende de cada uno de nosotros qué y cuánto «progrese» algo. Y ello porque estamos convencidos de que en general solamente existe un progresar interior de cada uno, pero que el progreso universal consiste a lo sumo en un progreso técnico que a nosotros se nos impone únicamente por eso, es decir, porque vivimos precisamente en una época técnica. Solamente podemos actuar a partir de nuestro pesimismo; tan sólo desde una actitud escéptica estamos todavía dispuestos a poner manos a la obra; por el contrario, a nosotros el viejo optimismo únicamente podría tranquilizarnos y conducirnos entonces precisamente a un fatalismo de color de rosa. ¡Mejor un activismo sobrio que este fatalismo de color de rosa!

En consecuencia, ¡cuán inmutable tendría que ser la fe en el sentido de la vida para evitar que también ella sea mutada por semejante escepticismo! ¡Cuán incondicionalmente habremos de creer en el sentido y el valor de la existencia humana para que esta fe resulte también capaz de conllevar y soportar ese escepticismo y ese pesimismo! Y esto acontece justamente en una época en la que cualquier idealismo, cualquier entusiasmo, vive una decepción tan grande después de haber sido tan mal utilizado, en una época en la que, sin embargo, únicamente podemos apelar al idealismo o al entusiasmo. La actual generación, la juventud de hoy –y desde luego sería precisamente en la joven generación donde tendríamos que buscar idealismo y entusiasmo– carece ya de modelos. Las personas modélicas que ella hubiese podido tener fueron metidas en la cárcel en su época; y aquellos otros «modelos» que tuvo de hecho, también ellos se encuentran encarcelados hoy. De ahí que nosotros no podamos disimular el disgusto por una cierta injusticia fundada en que, precisamente entre aquellos que como máximo se hallan estigmatizados por doquier como criminales, se encuentran seguramente muchas clases de idealistas erróneamente dirigidos; mientras que, a la inversa, los más cautelosos, los que solamente más tarde entraron en las filas de los otros, fueron oportunistas, y eso por no hablar de aquellos terceros que buscaban reasegurarse, o de quienes carecían incluso de carácter para machacar a aquellos otros a los cuales acompañaban interiormente, y que precisamente son los que ahora permanecen intonsos.

Fueron demasiadas pruebas las que hubo de soportar una única generación, demasiadas rupturas exteriores y derrumbamientos interiores en sus filas, demasiado como para que una generación como la nuestra pudiera sin más contar con ellas en lo relativo al idealismo o al entusiasmo.

Todos los programas, todas las consignas, todos los principios de este último tiempo quedaron absolutamente desacreditados entre los militantes de esta última época. Nada pudo mantenerse en pie, razón por la cual tampoco habría que sorprenderse de que una filosofía contemporánea como la actual considere al mundo como si nada en absoluto quedara ya en pie de él. Pero, a pesar de este nihilismo, a pesar del pesimismo y del escepticismo, a pesar de la mediocridad de un realismo que ya no es «nuevo» sino obsoleto, nosotros tenemos que esforzarnos para conseguir ahora una nueva humanidad. Pues, aunque ciertamente durante los años pasados nos hayamos desencantado, esos tiempos también nos han demostrado que lo humano es valioso, nos han enseñado que todo depende del ser humano. ¡Lo que a pesar de todo sobrevivió fue «solamente» el ser humano! Pues fue el ser humano el que sobrevivió en medio de toda la inmundicia del pasado más reciente. Y fue él también el que sobrevivió en su vivencia de los campos de concentración: de hecho, en algún lugar de Baviera, hubo alguien, el jefe del campo de concentración, un hombre de las SS, que estuvo pagando dinero regularmente en secreto y de su propio bolsillo a fin de obtener medicamentos para «sus» presos en la farmacia del cercano pueblito bávaro, mientras que en el mismo campo de concentración, el capo, él mismo también un prisionero, maltrataba de la manera más terrible a los presos por él mismo comandados: ¡con el ser humano pasan precisamente estas cosas![8]

Lo que continuaba en pie, pues, era el ser humano, el «simple» ser humano. En estos años todo se le había caído de las manos: dinero, poder, fama; absolutamente nada más que eso permanecía seguro para él: no la vida, no la salud, no la felicidad, todo se había vuelto para él inseguro: vanidad, ambición, relaciones. Todo quedó reducido a la existencia desnuda. Llevado por el dolor, todo lo inesencial quedó difuminado; en última instancia, el ser humano desvanece lo que él mismo fue, ya sea el individuo cualquiera de la masa, y por tanto nadie con nombre propio –en consecuencia propiamente nadie–, el anónimo, el sin nombre, el «él» que antes tan sólo fue, por ejemplo, un número de presidiario, ya sea la totalidad de su propio sí mismo.

En semejantes circunstancias, ¿«existía» aún la posibilidad de tomar algún tipo de decisión? Pues sí, no nos asombremos; «existencia», en aquella desnudez y llaneza a la que fue sometido el ser humano, no es otra cosa que esto: decisión. En efecto, emplazado ante esta decisión, el ser humano podía todavía decidirse, estaba en sus manos decidirse en favor de los demás, de la existencia de los otros, del ser de los otros, es decir, asumir su ejemplaridad como modelo. Todo eso resultaba más fructífero que cualquier otro mero hablar, o que cualquier escribir. Pues siempre es más decisivo el ser que la palabra. Uno debería y debe seguirse preguntando si no es mucho más importante que escribir libros o que dictar conferencias llevar a la realidad el contenido en cada ser según su naturaleza. Lo realizado es también mucho más eficiente. La sola palabra puede demasiado poco. Una vez fui llamado a casa de una mujer que había perpetrado el suicidio. Sobre su sofá cama pendía en la pared, muy bien enmarcada, la siguiente sentencia: «Más poderoso que el destino es el coraje que lo soporta sin temblar». Y, bajo esta sentencia, se había quitado la vida este ser humano.

Desgraciadamente, los seres humanos modélicos que en su ser pueden y deben actuar se encuentran en minoría. Esto lo sabe nuestro pesimismo; pero precisamente eso es lo que caracteriza el activismo contemporáneo, precisamente eso singulariza la despreciada responsabilidad de los pocos. Un viejo mito asegura al respecto que la existencia del mundo descansa en cada época sobre los hombros de 36 seres humanos verdaderamente justos. ¡Sólo 36! Una minoría que se oculta. Y, sin embargo, ella garantiza la permanencia de todo un mundo. Pero este mito nos enseña todavía más: tan pronto como uno de estos «justos» es reconocido como tal, tan pronto como es conocido por su entorno, por así decirlo por sus prójimos, entonces desaparece, es «retirado», y luego tiene que morir instantáneamente. ¿Qué se nos quiere decir con todo esto? No vamos mal si lo expresamos del modo siguiente: ante la tendencia pedagógica del modelo de ejemplaridad, el ser humano «se siente contrariado»: no se deja enseñar con gusto.

¿Qué significa, pues, todo esto? ¿Qué se desprende para nosotros de lo dicho hasta aquí? Dos cosas: en primer lugar, que todo radica en la singularidad de cada uno de los seres humanos, con independencia en cualquier caso de que sean escasos los animados por los mismos sentimientos; y, en segundo lugar, que todo radica en que, creativamente, de hecho y no con meras palabras, el sentido de la vida se realiza en el ser propio de cada cual. Por eso únicamente cabe tratar de oponer a aquella propaganda negativa de los últimos tiempos, a la propaganda del «sinsentido», una propaganda que en cualquier caso debe ser individual en primer lugar, y en segundo lugar activa. Sólo de este modo puede resultar positiva.

En una ocasión muy determinada, y en una situación de amarguísima necesidad, algunos seres humanos se veían obligados a vivir apiñados. De cuando en cuando llegaban envíos de alimentos a ese su lugar y, cuando alguna vez llegaba un par de vagones con patatas, era frecuente que cada cual se esforzara por robar algunas de ellas. Entre aquellas gentes se encontraban también un joven con su joven esposa. Cuando de nuevo volvió a llegar un transporte con patatas, el joven se declaró dispuesto a ir a robarlas. Sin embargo, su esposa le amonestó suponiendo que, dada su falta de habilidad, no se encontraría dispuesto a semejante acción. Cuando él le trajo las dos manos llenas de patatas ella quedó muy sorprendida: «Seguramente no las has robado, seguramente tan sólo las has cambiado por otra cosa», afirmó ella desconfiadamente. Y entonces, avergonzado, su marido confesó que ella tenía razón. De hecho, él mismo se avergonzaba de su propia «carencia de habilidad», se avergonzaba por no tener habilidad para robar. Tan poderoso era el modelo general allí imperante.

Y ahora el envés de la moneda: en una pequeña barraca de un determinado campo de concentración convivían doce prisioneros, todos ellos connacionales. La camaradería era tenida allí por el valor sumo, mientras que por el contrario lo más detestable era el robo a un camarada. Un día, sin embargo, a uno de ellos le faltó su ración de pan, no pudo encontrar el trocito de pan en su bolsa, aunque estaba absolutamente seguro de haberlo guardado. Tan enfurecido se encontraba que uno de sus compañeros presos, por casualidad psiquiatra de profesión, le aclaró en voz alta: «Voy a decirte una cosa. Antes de que entre nosotros doce sea posible un robo a un camarada es mucho –mucho– más probable que estés alucinando y hayas olvidado simplemente que tú mismo ya te has comido el pan». Esta aclaración se saldó luego con una cachetada, pero a ella le siguió una reconciliación, y finalmente se impuso el espíritu de camaradería, que se mostró más fuerte que la simple posibilidad de pensar que entre aquellos hombres hubiese podido darse en general un robo a un camarada. Tan poderoso, pues, era aquí el modelo general imperante.

Y otro tanto debe responderse a la cuestión que formulábamos al principio de si, y en qué sentido, y con qué espíritu sería posible abogar todavía hoy en favor de un sentido y de un valor en la vida. Mas, si se habla del sentido del ser-ahí, en todo caso debe primero ponerse en cuestión de alguna manera. Cuando se pregunta expresamente por él, también de alguna manera se está ya dudando de él. Ahora bien, la duda sobre el sentido de la existencia del ser-ahí conduce fácilmente a la desesperación. Esta desesperación sobre el ser-ahí nos enfrenta a la decisión del suicidio.

Cuando la cuestión es el suicidio, tenemos que distinguir entre cuatro fundamentos esenciales, esencialmente distintos, a partir de los cuales surge la disponibilidad interior para ese suicidio. En primer lugar, el suicidio puede ser una consecuencia, pero no una consecuencia derivada de una situación propiamente espiritual, sino corporal, física. A este grupo pertenecen, por ejemplo, aquellos casos en que alguien intenta matarse casi por constricción forzosa a partir de una depresión anímica en última instancia ocasionada corporalmente. Por naturaleza, semejantes casos no entran en consideración desde el principio en las reflexiones que venimos llevando a cabo en la presente conferencia. Existen, en segundo lugar, seres humanos en quienes la decisión de suicidarse se ejerce en función de un cálculo de sus efectos sobre sus circundantes los seres humanos, por ejemplo, porque quieran vengarse de otros por alguna cosa que éstos les hayan hecho, y cuya sed de venganza pretende repercutir en ellos a fin de tener que cargar de por vida con su correspondiente conciencia de culpa: ellos mismos deben sentirse culpables de que él se matara. Tampoco entran semejantes casos en consideración en lo que a nosotros se refiere en cuanto a la cuestión del sentido de la vida. En tercer lugar, hay seres humanos cuya decisión de suicidarse proviene de que simplemente se sienten hartos, están hartos de la vida. Pero este hartazgo constituye por lo pronto un sentimiento, y los sentimientos, como es bien sabido, no constituyen argumento alguno. Que alguien esté harto, que sienta hartazgo, no es de suyo ningún fundamento para que decida poner término a su vida. En última determinación, todo depende para él de si continuar viviendo tiene sentido, de si se encuentra decidido a superar el hartazgo. Lo que aquí tan sólo se necesita es precisamente una respuesta a la pregunta por el sentido de la vida, del continuar viviendo a pesar del hartazgo vital presente. En consecuencia y como tal, no constituye ningún argumento contrario a la continuación de la vida. Por todo ello, el continuar viviendo solamente resulta posible a partir de un saber en torno a su sentido incondicionado.

Ahora bien, aquí entra en juego propiamente aquel cuarto grupo de seres humanos que intentan suicidarse porque no pueden creer en absoluto en el sentido de la perduración de la vida, de la vida en sí misma. A un suicidio con semejante motivación se le llama comúnmente «suicidio de balance», por cuanto resulta por así decirlo de un balance de vida negativo. De esta forma un ser humano hace balanza, compara el haber con el debe, contrapone lo que la vida le debe y lo que él cree poder alcanzar todavía en la vida, y el balance negativo que ve en esa comparación le mueve al suicidio. Por nuestra parte desearíamos comenzar a examinar ahora este balance.

Frecuentemente está en la parte del haber todo sufrimiento y todo dolor; en la parte del debe se encuentra toda la felicidad que no se logró obtener. Sin embargo, este balance se halla en su base falsamente planteado. Pues, como suele decirse, «no se está en el mundo para la diversión». Y esto vale tanto para el sentido del ser como para el del deber. Quien no lo haya experimentado puede tomar en sus manos ese libro de un psicólogo experimental ruso en donde se prueba que, por término medio, el ser humano tiene significativamente en su vida cotidiana mucho más sentimiento de insatisfacción que de satisfacción. En consecuencia, de entrada sería también absolutamente imposible vivir en razón a la mera satisfacción de vivir. Pero ¿es eso también necesario?, ¿viviría en general para eso el ser humano? Imaginémonos simplemente a un hombre que se encuentra condenado a muerte y al que se le emplazase pocas horas antes de su ejecución a disponer el menú para su última comida. El guarda entra en la celda, le pregunta qué desea y le ofrece una serie de bocados exquisitos. Sin embargo, nuestro hombre, en su pobre celda de delincuente, rechaza toda oferta, pensando para sí que carecería de todo sentido embutir o no embutir buenas comidas en el estómago de su propio organismo, que dentro de unas horas ha de convertirse en un cadáver. Y que también carecería de sentido apurar los pruritos de gozo que todavía pudieran encontrarse en las células de los ganglios del cerebro de ese organismo suyo en atención a la circunstancia de que dentro de dos horas van a ser aniquiladas para siempre.

Pero ante la muerte se nos hace patente toda la vida y, si ese hombre en su pobre celda de delincuente no carece de razón, entonces también carecería de sentido toda nuestra vida si tan sólo nos esforzásemos por el ahora sin ninguna otra cosa que hacer que gozar, a ser posible mucho gozo y a ser posible también muy selecto. El gozo en sí mismo no es en absoluto lo que podría conferir sentido al ser-ahí; por lo tanto, la ausencia de gozo tampoco es capaz de dar sentido a la vida, algo que ya habíamos visto.

Un hombre, cuya vida pudo ser salvada después de un intento de suicidio, me comunicaba un día que deseaba viajar fuera de la ciudad para pegarse un tiro; y, puesto que la noche se le había echado encima y no encontró ningún tranvía, se vio entonces forzado a tomar un taxi; mas, cuando pensando en ello se dio cuenta de que no quería derrochar el dinero en taxis, finalmente todo eso le provocó la risa por haber podido tener todavía semejantes pensamientos poco antes de su muerte. Tan ridículamente sin sentido como lo hubiera sido el hombre que, en su pobre celda de delincuente, hubiese buscado con avaricia su gozo antes de su postrera comida, lo habría sido también para este decidido a suicidarse el gozarse con su tacañería dineraria ante el rostro de la muerte. Qué bien ha dado Tagore expresión a todo esto, a todo este desencanto del ser humano frente a su anhelo de felicidad, en aquel poema suyo en el que escribe:

> Yo dormía y soñaba
> que la vida sería alegría.
> Yo desperté y vi
> que la vida era deber.
> Yo trabajaba y vi
> que el deber era alegría.

Y con esto hemos mostrado también nosotros la dirección en la cual tenemos que abrir el camino hacia ulteriores reflexiones.

La vida es, por tanto, de alguna manera deber, un único gran compromiso. Ciertamente existe también en la vida alegría, pero ésta no puede ser perseguida, no puede ser «querida» en cuanto que tal alegría, ella debe encontrar su acomodo sobre todo por sí misma, al modo como se produce una consecuencia: la felicidad ni debe, ni desea ni puede nunca ser una meta, sino solamente un resultado, precisamente el resultado de la consecución de aquello que en el poema de Tagore se llama deber y que más tarde de alguna manera nosotros habremos de esforzarnos por llevar a término más en concreto. En todo caso, cualquier esfuerzo felicitario del ser humano se malogra en la medida en que busque una felicidad caída del cielo que nunca se deje atrapar. Fue Kierkegaard quien pronunció la siguiente sabia alegoría: «La puerta de la felicidad abre hacia fuera», lo cual significa que se cierra precisamente para quien busca impetuosamente la felicidad, es decir, para aquel que intenta forzar la puerta de entrada hacia ella.

En cierta ocasión se sentaron frente a mí dos personas aburridas de la vida –casualmente al mismo tiempo–, un hombre y una mujer. Ambos habían manifestado verbalmente con perfecta coincidencia que su vida carecía de sentido, pues ellos «ya no esperaban nada de ella». De alguna manera los dos tenían razón. Pronto, sin embargo, se suscitó que, por el contrario, a los dos les esperaba algo: al hombre una obra científica inconclusa, y a la mujer un hijo que por entonces vivía lejos de ella, en el extranjero, con el que no podía encontrarse y que amaba a su madre con amor idolátrico. Lo que faltaba ahora era llevar a cabo eso que con Kant podríamos denominar «giro copernicano»,[9] un giro de 180 grados según el cual la pregunta ya no podía seguir siendo «¿Qué me cabe esperar todavía de la vida?», sino únicamente esta otra: «¿Qué espera la vida de mí, qué deber, qué tarea me espera a mí en la vida?».

Y ahora comprendemos también cómo, en última instancia, resulta falsa la pregunta por el sentido de la vida cuando se plantea en la forma habitual, por lo cual ha de replantearse como sigue: ¡nosotros no podríamos preguntar por el sentido de la vida, la vida es la que plantea preguntas, la que nos dirige preguntas, nosotros somos los preguntados! Somos nosotros quienes tenemos que responder, los que tenemos que dar respuesta a la cuestión permanente, de hora en hora, a las «cuestiones de la vida». El mero hecho de vivir no significa en sí mismo sino ser preguntado, todo nuestro ser no va más allá de un responder, de un dar respuesta a la vida. Con semejante disposición mental ya nada debe ahora asustarnos, ningún futuro, ninguna aparente ausencia de futuro: ahora todo es presencia, pues cobija las cuestiones eternamente nuevas de la vida en nosotros. Ahora se trata de lo que en todo caso se espera de nosotros. Sin embargo, lo que pueda esperarnos en el futuro es algo que necesitamos saber tan poco como podemos saberlo. En este contexto suelo relatar frecuentemente aquella historia que hace muchos años apareció en una breve nota de un periódico: un negro, condenado a prisión con cadena perpetua, fue deportado en su día a las islas del diablo. Cuando el barco, que precisamente se llamaba Leviatán, llegó a alta mar se originó un fuego voraz.[10] Sobrevenida esta contingencia, el negro fue liberado de sus cadenas y se implicó tanto en las tareas de salvamento que acabó salvando la vida a diez personas, después de lo cual fue agraciado con el indulto. Yo pregunto: si a este negro se le hubiese interrogado antes de embarcar, es decir, todavía en el muelle de la dársena de Marsella, si podría tener aún algún sentido su vida ulterior, desde luego hubiera tenido que mover su cabeza de un lado a otro: ¿qué le esperaba todavía? Pero ninguno de nosotros sabe lo que le espera todavía, qué gran hora, qué oportunidad única en orden a cualquier tipo extraordinario de actuación le aguarda aún, como a aquel negro que salvó a diez hombres del Leviatán.

Sin embargo, la cuestión que a nosotros nos plantea la vida, y en cuya respuesta responsable podríamos realizar nuestro instante definitivo, no solamente cambia de hora en hora, sino que, además, cambia también de un ser humano a otro de una forma totalmente diferente. Y, al propio tiempo, también vemos de este modo cuán neciamente se plantea la cuestión del sentido de la vida cuando no se sitúa en toda su concreción, en la concreción del aquí y del ahora. Desde esta perspectiva, preguntar por el «sentido de la vida» ha de parecernos tan ingenuo como, por ejemplo, la pregunta de un reportero que entrevista a un campeón mundial de ajedrez preguntándole: «Así pues, respetable maestro, dígame, ¿cuál es para usted el mejor movimiento?». Pues ¿acaso hay uno solo, un solo movimiento que pudiera ser no sólo bueno, sino incluso el mejor, y en todo caso al margen de una situación del juego concreta y totalmente definida, al margen de una posición concreta de las figuras sobre el tablero?

No menos ingenuo, aunque igualmente conmovedor, me resultó aquel joven que hace muchos años me interrumpió un día, antes de que yo comenzara a pronunciar una pequeña charla en algún lugar sobre el sentido de la vida. Sus palabras fueron más o menos las siguientes: «Oye, Frankl, sé bueno conmigo, esta noche estoy invitado en casa de mis futuros suegros, tengo que hacerlo sin excusas y no puedo quedarme a tu charla; sé tan amable y dime corriendo: ¿qué es el sentido de la vida?».

Así pues, lo que eventualmente pueda esperarnos, esa concreta «exigencia de cada hora», puede manifestarse de diversos sentidos. En primer lugar puede la nuestra ser una respuesta activa por medio de la acción, un responder a las cuestiones concretas de la vida con una acción que estemos llevando a cabo, o con una obra que estemos realizando. Pero, incluso aquí, tendríamos que reflexionar sobre algo, y tal vez lo que ahora estoy pensando pudiera expresarlo mejor si me retrotraigo a una vivencia concreta. En efecto, cierto día se sentó junto a mí un joven que me había confrontado sobre la cuestión del sentido o sinsentido de la vida. Entonces me formuló la siguiente objeción: «Usted ha hablado ligeramente, ha organizado algunos consultorios por ahí, ayuda a los seres humanos, pero, lo que yo realmente soy, quien yo soy, es un ayudante de sastre. ¿Qué he de hacer, cómo tengo que hacer yo para dar sentido a mi vida en mi quehacer?». Este hombre olvidaba que nunca y bajo ningún concepto se trata de dónde esté uno en la vida, por ejemplo, de cuál sea la profesión de uno, sino que tan sólo puede tratarse de cómo se comporta con su ocupación, con su círculo, sin que importe la magnitud de su radio de acción, sino simplemente y sobre todo el haber cumplido con la tarea de forma tal que se haya «colmado» una vida. En su concreto círculo existencial cada uno de los seres humanos resulta insustituible e irreemplazable, y es allí donde cada quien es quien es. Las tareas que a cada uno le ha puesto por delante su vida sólo ha de realizarlas él, y es exclusivamente él quien queda obligado a llevarlas adelante por sí mismo. Y la vida de un ser humano que no ha conseguido cerrar en su totalidad su círculo relativamente más amplio queda más incompleta aún que la de un ser humano que realmente ha satisfecho a su círculo correspondiente, aunque éste fuere más estrecho. En su entorno concreto este ayudante de sastre puede hacer las cosas mejor y en su vida cotidiana conducir también una vida más plena de sentido que la persona envidiada por él en tanto no sea consciente de su mayor responsabilidad vital, ni digno de ella.

Pero podría objetársenos: ¿qué pasa con el desempleado cuando, por ejemplo, olvida que el trabajo profesional no es el único ámbito en el cual puede dar sentido cada día a su vida? ¿El mero hecho de vivir confiere plenitud a su vida? Preguntemos, todavía más sencillamente, a las muchas gentes que —no sin razón— nos manifiestan con sus quejas cuán sin sentido es su vida laboral, a menudo incluso mecánica, su eterno añadir columnas numéricas, su moverse siempre idéntico y estereotipado en máquinas de palancas, o en una cinta movida mecánicamente. Y la respuesta es precisamente: tan sólo en el demasiado escaso tiempo libre de estos seres humanos les es dado configurar esa su vida con una dimensión personal y humana. En el campo contrario, es en su tiempo libre excesivamente abundante donde el desempleado tiene la posibilidad de dar también sentido a su vida.

Nadie debería pensar que somos tan frívolos como para infravalorar las dificultades económicas, una necesidad del mismo signo o, en general, el momento sociológico o económico propio de semejantes contextos.

Hoy conocemos mejor que nunca cuán extendido está el dicho «primero viene comer, y luego la moral». Sin embargo, en lo que a nosotros se refiere, tampoco enseñamos nada de eso. Nosotros sabemos al mismo tiempo cuán sin sentido puede llegar a ser comer sin ninguna moral, y cuán catastrófica llega a ser esa ausencia de sentido para quien únicamente piensa en comer; y, no en última determinación, también sabemos cuánto significa hablar de una «moral»: significa que la fe indeclinable en un sentido incondicionado de la vida, de esta manera o de la otra, hace soportable la vida. Pues nosotros hemos tenido la vivencia de que el ser humano también está sinceramente dispuesto a pasar hambre tan sólo con que el hambre tenga un sentido.

Pero no solamente hemos visto lo difícil que resulta pasar hambre incluso cuando se tiene «moral», sino que también hemos visto lo difícil que puede llegar a ser pedir moral a un ser humano cuando se le hace pasar hambre. En cierta ocasión hube de emitir en algún lugar un dictamen psiquiátrico ante los jueces sobre un muchacho que, en una situación de extrema necesidad, había robado una libra de pan; el tribunal correspondiente había planteado la pregunta de si el joven era o no «deficiente». En mi informe hube de decir que desde el punto de vista psiquiátrico de ninguna manera podía ser catalogado como deficiente, pero no lo hice sin al mismo tiempo aclarar que ¡en aquella situación concreta aquel joven hubiera debido ser valorado como extraordinariamente fuera de lo común si se hubiese resistido a la tentación en una situación de hambre semejante!

En nuestra diaria actuación no solamente podemos dar sentido a la vida cuando a sus preguntas concretas estamos en condiciones de responder de una forma conscientemente responsable; no sólo como agentes podemos colmar las exigencias de la vida en el mundo, sino también como personas que aman, es decir, en nuestra entrega amorosa a lo bello, a lo magno, a lo bueno. ¿Tendría acaso que porfiar ahora con ustedes buscando una frase sobre qué y cómo puede la vivencia de la belleza hacer de la vida algo pleno de sentido? Prefiero limitarme al siguiente experimento mental: imagínense que están sentados en una sala de conciertos, que escuchan su sinfonía favorita y que ahora mismo zumban en sus oídos los amados compases de la misma encontrándose tan embebidos que sienten correr un escalofrío por su espalda. Pues bien, ahora imagínense si sería mentalmente posible lo que psicológicamente resulta tan imposible: que en este instante se les preguntara si su vida tiene sentido. Me parece que me darían la razón si afirmo que ustedes podrían responder con una única respuesta, y que ésta diría más o menos: «¡Sólo por haber vivido ese instante ya lo habría merecido!».

Pero podría pronunciarse de modo semejante también aquel otro que no tiene vivencia del arte, sino de la naturaleza, e igualmente aquel otro que es capaz de vivenciar a un ser humano. ¿Acaso no conocemos el sentimiento que ocasionalmente se apodera de nosotros ante un determinado ser humano y que, expresado con palabras, a veces nos produce poco más o menos la impresión de que precisamente hay un ser humano en el entero mundo, el único que configura este mundo y crea en él una vida en sí misma tan plena de sentido? Recientemente alguien me preguntaba: «¿No es terrible que todos estos seres humanos (se trataba de los mártires de una determinada idea) se hayan ofrecido en sacrificio así, tan en vano, es decir, tan sin sentido?». Pero tuve que contradecirle con mi respuesta: ¡no es terrible, este mundo en su totalidad no resulta terrible en la medida en que en él haya seres humanos que se ofrecen en sacrificio de forma aparentemente sin sentido; mientras siga habiéndolos tiene sentido pleno vivir en el mundo!

Damos sentido a la vida trabajando, pero también amando y, finalmente, sufriendo. Pues, en la forma en que un ser humano toma postura ante la limitación de sus posibilidades de vida en lo referente a su actuar y a su amar, en la forma en que se comporta ante esa limitación y asume sobre sí su sufrimiento ante esa limitación tomando la cruz sobre sí, incluso en todo ello puede ese ser humano realizar valores.

En un periódico vi una vez un dibujo en el que un matrimonio náufrago luchaba en medio del océano por mantenerse sobre una pequeña balsa. Mientras el esposo, con rostro lleno de angustia, agitaba visiblemente en vano su blanca camisa en busca de invisibles embarcaciones, la mujer se arrodillaba sobre la balsa esforzándose celosamente por fregar el suelo con un cepillo. Con ello quería mostrarse cuán correctamente, cuán «dignamente» se comportaba aquella mujer incluso en esa situación visiblemente sin salida; incluso en ese instante ella seguía siendo todavía una «excelente ama de casa». Lo que en el chiste hace sonreír por aquella simpleza o limitación, queremos nosotros seguir viéndolo todavía incluso de alguna manera como una hazaña.

Así pues, en la forma en que nos situamos ante las dificultades, se hace patente quién es cada quién y también en esa forma se cumple la vida con plenitud de sentido. ¡No olvidemos el espíritu del deporte, ese espíritu en verdad tan decididamente humano! ¿Qué otra cosa hace el deportista, a no ser procurarse dificultades y poco a poco crecerse en ellas? En lo demás no vale, por supuesto, seguir procurándose siempre dificultades; en general ocurre más bien que el sufrimiento por la infelicidad sólo es sufrimiento con plenitud de sentido si esta infelicidad es fatal, vale decir, inevitable e inesquivable. Alguna vez se ha denominado infelicidad «noble» a esta infelicidad, ¡aunque el sufrimiento derivado de ella resulte empobrecedor! Dicho sufrimiento conduce a los seres humanos incluso al ámbito de los valores más elevados.

De acuerdo con ello, el destino, es decir, aquello que nos opone resistencia, se configura en cada caso de una manera o de otra, así o de otro modo: «No existe ninguna situación que no pueda empobrecerse, ya sea por la acción o por el sufrimiento», asegura Goethe. O cambiamos nosotros el destino, en la medida en que esto sea posible, o lo cargamos voluntariamente sobre nosotros, en la medida en que sea necesario. En ambos casos, nosotros sólo podemos crecer en infelicidad. Y ahora comprendemos también lo que dice Hölderlin al escribir las siguientes palabras: «Cuando entro en mi infelicidad me siento más elevado».

Qué incomprensible ha de parecernos después de lo dicho ver a los seres humanos quejarse sólo de su infelicidad o querellar contra su destino. ¿Qué hubiera sido de cada uno de nosotros sin nuestro correspondiente destino? ¿De qué otro modo sin sus golpes de martillo sobre nuestro sufrimiento al rojo vivo hubiese adquirido nuestro ser-ahí forma y sentido? Quien se subleva contra su destino y, en consecuencia, contra aquello con lo que no puede hacer absolutamente nada y contra lo que resulta imposible cambiar, ése no ha comprendido el sentido de todo destino. Pues el entero destino pertenece real y verdaderamente a la totalidad de nuestra vida y ni lo más mínimo de él puede dejarse fuera de su pregnancia en la totalidad de nuestro ser sin descomponerla, es decir, sin descomponer la figura de nuestro ser-ahí. Cuando un epiléptico se pregunta qué habría sido de él si su padre no hubiese sido un bebedor y no le hubiese engendrado durante su ebriedad, sólo puedo darle una respuesta, a saber, que él está inculpando sin sentido a su destino, pues su cuestionamiento es falso: si a él le hubiese engendrado otro padre, él no hubiera llegado a ser «él», y por eso tampoco hubiese podido plantear esta cuestión carente de sentido, ni alzar sus airadas quejas contra el destino.

De nuevo podemos aludir a esto con ocasión de un chiste, al que hasta me atrevería a calificar como «con trasfondo metafísico». Hace poco tiempo vi en un periódico norteamericano un dibujo que mostraba a dos soldados haciendo guardia contemplando «el cielo estrellado sobre sí», pero al parecer ya sin demasiada «ley moral en mí»,[II] pues los dos compinches, bastante descarados y muy mal rasurados, se reprochan mutuamente: «¿Por qué diablos no has venido al mundo como una bonita hembra?».

Así pues, el destino le pertenece a nuestras vidas y por ende también el sufrimiento; en consecuencia, si la vida tiene sentido, también lo tiene el sufrimiento. También el sufrimiento, en cuanto que se nos presenta como necesario, pone ante nosotros la posibilidad de algo con plenitud de sentido. El sufrimiento es también en todas partes algo reconocido y visto con dignidad. Hace años nos llegó la noticia de que la organización inglesa escultista «Exploradores de caminos» había condecorado a tres jóvenes por la máxima altura de sus logros, pero ¿quién obtuvo esas condecoraciones? Tres jóvenes incurablemente enfermos internados en el hospital que, pese a su amarga suerte, se habían comportado valiente y dignamente. Con eso quedaba aquí públicamente reconocido que el correcto sufrimiento de un destino genuino pone de manifiesto una hazaña, e incluso la hazaña más elevada posible. Así las cosas, la antecitada alternativa que nos planteaba la frase de Goethe no coincide ya del todo con lo aquí dicho, si la consideramos más detenidamente: ni el logro ni el aguante pueden ser en última instancia la última cuestión, pues en determinadas circunstancias la máxima hazaña es el padecer mismo.

En mi opinión, el carácter esencialmente logromotivado del verdadero sufrimiento ha sido encontrado quizá más claramente en una aserción de Rilke, cuando en cierta ocasión grita: «¡Cuánto hay que sufrir!».[12] El idioma alemán sólo conoce la expresión «¡cuánto hay que remodelar!»,[13] pero Rilke lo abarcaba todo con su «¡cuánto hay que sufrir!» para con ello significar que nuestro logro de plenitud de sentido puede por lo menos tener lugar tanto en el sufrimiento como en el trabajo.

Del hecho de que en cada caso sólo pueda haber una alternativa, la que fuere, capaz de prestar sentido a la vida y al instante, y por ende en cada caso sólo una decisión sobre cómo tengamos que responder cada vez a una pregunta completamente concreta que la vida nos formula, de todo eso se deriva lo siguiente: que la vida ofrece siempre una posibilidad en orden al cumplimiento del sentido, pues facultativamente siempre tiene un sentido; podría también decirse que el ser-ahí humano configura su vida «hasta el último aliento» con pleno sentido en la medida en que respira: en la medida en que en general todavía respira, en la medida en que mantiene todavía la conciencia y asume su responsabilidad por las correspondientes preguntas por la vida. Esto no tiene por qué maravillarnos desde el momento en que reflexionamos sobre lo que ciertamente expresa la gran realidad básica del humano existir: ¡ser un ser humano no es otra cosa que ser-consciente y ser-responsable!

Que la vida, conforme a su posibilidad, tenga siempre un sentido, eso es algo que en cada instante sólo depende de nosotros; que en cada instante se lleve a cumplimiento con ese posible sentido continuamente cambiante, todo eso depende por completo de nuestra responsabilidad y está en nuestra decisión el realizar ese eventual sentido, con lo cual sabemos también algo determinado: que es sin sentido y seguramente sólo carece de sentido una cosa, la siguiente: rechazar la vida. De lo dicho se desprende que el suicidio no constituye respuesta para ninguna pregunta en absoluto, que el suicidio nunca es capaz de resolver ningún problema.

Hace un rato tuvimos que recurrir al juego de ajedrez como alegoría para determinar la posición del ser humano en su ser-ahí, para su eventual estar situado ante una pregunta de la vida; con nuestra alegoría de «la mejor jugada» queríamos mostrar cómo en todo caso la cuestión de la vida sólo puede ser pensada como una pregunta totalmente concreta, como propia de una sola y única situación de la persona, de un único ser humano y de un instante, una pregunta referida al aquí y al ahora. Y ahora debemos retomar el juego de ajedrez como alegoría, en este caso para mostrar cuán incondicionalmente contrario al sentido es recurrir al intento de «solución» de un problema de la vida por medio del suicidio.

Imaginémonos, pues, por una vez al menos, que un ajedrecista se enfrenta a un problema de ajedrez cuya solución no encuentra y que, en esa apurada situación, se le ocurre arrojar las piezas fuera del tablero: ¿es esa una solución al problema de ajedrez? Ciertamente no. Pues exactamente del mismo modo se comporta el suicida: arroja fuera su vida y piensa que de ese modo ha dado solución a un problema vital aparentemente irresoluble. Él no sabe que de este modo vulnera las reglas de juego de la vida, del mismo modo que aquel jugador de ajedrez con el que lo estamos comparando desconsidera las reglas del juego de ajedrez, dentro de las cuales puede únicamente resolverse un problema de ajedrez mediante saltos de caballo, enroques, o sabe Dios qué, pero en todo caso solamente por medio de una jugada, y no mediante el comportamiento descrito. Pues bien, del mismo modo el suicida vulnera las reglas de juego de la vida, las cuales no piden de nosotros que venzamos a cualquier precio, sino que demandan de nosotros que en ningún caso cancelemos la lucha...

Pero tal vez alguien objete ahora que concede que el suicidio sea un hecho absurdo, pero que quizá la vida llegue a carecer de sentido ella misma simplemente a la vista del mero hecho de la muerte natural que se le presenta a todo ser humano. ¿No debería entenderse de entrada carente de sentido todo comenzar nuestro vivir donde nada hay en absoluto de perdurable? Intentemos de nuevo responder a esta objeción dándole la vuelta; preguntémonos simplemente: ¿qué pasaría si nosotros fuéramos inmortales? Y a eso podríamos entonces responder: si nosotros fuésemos inmortales, todos podríamos aplazarlo todo, real y absolutamente todo. Pues nunca se daría el caso de tener que hacer algo ahora, o mañana, o pasado mañana, o dentro de un año, o dentro de cien años o cuando fuere. A nosotros no nos amenazaría ninguna muerte ni final alguno, ninguna limitación de las posibilidades, no veríamos ninguna ocasión para llevar a cabo ninguna actividad precisamente ahora ni para entregarnos a vivencia alguna: ya habría tiempo para ello, siempre tendríamos tiempo, infinitamente mucho tiempo. Por el contrario, el hecho —y sólo el hecho— de que seamos mortales, de que nuestra vida se acabe, de que nuestro tiempo esté limitado y de que todas las posibilidades también lo estén, ese hecho precisamente es el que en general permite aparecer con sentido pleno el emprender algo, el utilizar una posibilidad de sacar provecho y de llevarlo a cabo, de cumplir, de utilizar el tiempo y de convertirlo en fértil. La muerte significa la consumación obligatoria de todo eso. Solamente de este modo expresa la muerte el trasfondo sobre el cual nuestra existencia consiste precisamente en ser responsables.

Si consideramos las cosas de este modo, puede entonces mostrársenos en lo esencial como algo verdaderamente importante cuánto dura la vida de un ser humano. Su larga duración no tiene por qué convertirla de suyo en plena de sentido, como tampoco su inesquivable brevedad la convierte en carente de él. Tampoco juzgamos la biografía de un ser humano concreto por el número de páginas del libro que la describe, sino solamente por la plenitud de contenido que encierra.

Y todavía nos quedaría por discutir en esta ocasión la cuestión de si la vida de un ser humano que no procrea carecería de sentido tan sólo por ello.[14] A ello podemos responder que: o bien la vida, la vida de cada uno, tiene sentido, y entonces también ha de tenerlo su contenido aunque no procree (si, por tanto –digámoslo de paso: algo altamente ilusorio–, no se confía a la «perduración» biológica), o bien, por el contrario, la vida individual, la vida de cada ser humano, no tiene sentido alguno, y entonces tampoco podría tener ningún sentido por el mero hecho de tratar de «eternizarla» por multiplicación. Pues eternizar algo en sí mismo «carente de sentido» es en sí mismo carente de sentido.

De todo esto solamente sacamos en claro una cosa: la muerte pertenece a la vida tanto como la necesidad de destino del ser humano, y el sufrimiento que de esta necesidad se deriva. Ni necesidad ni muerte convierten al ser-ahí del ser humano en sin sentido, sino en lo único en general con plenitud de sentido. Por eso es precisamente la unicidad de nuestro ser-ahí en el mundo, la irrepetibilidad de nuestro tiempo de vida, la irrevocabilidad de todo aquello con lo que la llenamos o dejamos de llenar, todo eso es lo que precisamente confiere a nuestro ser-ahí densidad significativa. Pero no solamente le confiere peso el carácter único de la vida individual en cuanto que totalidad, sino que también la unicidad de cada día, de cada hora, de cada instante, pone de relieve algo más: ¡que nuestro ser-ahí está cargado con el peso de una responsabilidad terrible y sin embargo señorial! Las horas cuya exigencia no atendemos, que no atendemos de una o de otra manera, esas horas están echadas a perder, ciertamente echadas a perder «por toda la eternidad». ¡Por el contrario, aquello que realizamos utilizando la oportunidad del instante queda para siempre salvado en la realidad, en una realidad en la que sólo aparentemente es «subsumida» al convertirse en realidad pasada, pero en la cual se encuentra en verdad subsumida por completo en el sentido de «ser conservada»! De esta forma, incluso el haber pasado podría quizá convertirse en este sentido en la forma más segura de ser en general. Al ser al que nosotros hemos salvado en el «pasado» ya no puede afectarle en absoluto ninguna condición «perecedera».[15]

Ciertamente, nuestra vida, en tanto que algo biológico, corporal, es perecedera según su naturaleza. Nada permanece de ella y, sin embargo, ¡cuánto permanece! Lo que de ella permanece, lo que de ella nos queda, lo que puede sobrevivirnos a nosotros, eso es lo realizado en nuestro ser-ahí, lo que continúa teniendo efectos más allá de nosotros y por encima de nosotros. La fuerza energética de nuestra vida va perdiéndose, y en esa medida se iguala al radio, cuya materialidad va igualmente decreciendo en el transcurso de su «tiempo de vida» (y los materiales radioactivos tienen, como es conocido, un límite de vida limitado) al irse convirtiendo en energía de radiación para no volver a recuperar nunca su materialidad. Lo que nosotros «irradiamos» en el mundo, las «ondas» que parten de nuestro ser, eso es lo que permanecerá de nosotros después de que nuestro ser mismo haya muerto hace tiempo.

Habría un medio simple –casi podría hablarse de un truco– para hacer visible en toda su magnitud lo más eficazmente posible la responsabilidad con la que nuestro ser-ahí está tan cargado en todo instante, una responsabilidad ante la cual sólo temblorosos podemos permanecer erguidos, pero en última instancia también de alguna manera gozosos. Existe, por así decirlo, una especie de imperativo categórico, por tanto, también una fórmula del «obra de tal manera» formal semejante a la conocida máxima de Kant,[16] y que debería poco más o menos formularse del siguiente modo: «¡Vive como si vivieses por segunda vez, y la primera vez hubieses hecho todo tan equivocadamente como puedas imaginarte!».

La esencial finitud de nuestro ser-ahí en el tiempo, al levantar ante nosotros su acta de la muerte, aunque sea contemplándola a largo plazo, no es lo único que este ser-ahí lleva a cabo con pleno sentido: también nuestra finitud en la cercanía de cada uno de los seres humanos convierte la vida de cada quien en una realidad no carente de sentido, sino, muy al contrario, abundante en plenitud de sentido. Lo que aquí estamos mencionando es el hecho de nuestra insuficiencia, de nuestros límites interiores tal y como le son dados a los seres humanos, a cada uno de ellos de forma diferenciada. Pero, antes precisamente de analizar lo relativo a la presencia de sentido respecto a tal incompletitud, queremos preguntar si la desesperación de un ser humano con respecto a su propia poquedad e insuficiencia puede ser sancionada por las leyes. Así pues, debemos comenzar preguntando si un ser humano que echa de menos su ser en relación con un deber, y que por ende alberga la medida de un ideal en sí mismo, puede quedar enteramente privado de valor. ¿Acaso no ocurre más bien que es precisamente el poder desesperar de sí mismo el que justifica de alguna manera y el que en última instancia invalida en cierta medida la justificación de su desesperación? ¿Podría por tanto reunirse en audiencia si careciese de valor hasta el extremo de no tener siquiera conciencia del ideal? ¿Acaso no prueba su propio juicio sobre sí mismo que le corresponde la dignidad y la dedicación de un juez? ¿Acaso no confirma también ese juicio suyo la distancia del ideal, en la medida en que lo percibe sin haber renegado completamente de dicho ideal?[17]

Y ahora vayamos a la cuestión del sentido de nuestra condición de incompletos y de nuestras unilateralidades sin olvidar que cada ser humano es incompleto, pero cada uno incompleto de manera distinta, cada uno «a su manera». Y tan incompleto como él sólo lo es él. Razón por la cual, y por idéntico motivo, es también –expresado positivamente– de alguna manera irrepetible, irrepresentable, inintercambiable. Llegados aquí, y partiendo del mundo de la biología, ella nos ofrece un modelo muy adecuado para explicarlo: originariamente existen en el desarrollo de la realidad vital las células conocidas como «aptas para todo»; una célula «primitiva» puede todo, puede comer, moverse, multiplicarse, «sentir» de alguna manera su entorno, etcétera, y, únicamente tras la secuencia de su largo desarrollo evolutivo hacia asociaciones celulares más elevadas, se especializa aquella célula individual hasta realizar finalmente sólo una única función conforme a la progresiva división del trabajo dentro del organismo en su conjunto. De este modo, al precio de perder la originaria «completitud» de sus capacidades ¡ha obtenido a cambio una relativa irreemplazabilidad funcional! Así, por ejemplo, una célula de la retina del ojo ya no puede comer, ya no puede moverse, ya no puede reproducirse; sin embargo, lo único que sí puede hacer –o sea, ver– puede hacerlo de una manera absolutamente fuera de lo común, y en esta su específica función ha pasado a ser insustituible, algo que ya no puede decirse en absoluto de una célula de la piel, de una célula muscular o de una célula embrionaria.

Por cuanto venimos diciendo, pues, así como la muerte se nos presentaba necesariamente dotada de sentido al fundamentar la irrepetibilidad de nuestro ser-ahí, y con ella nuestra responsabilidad, así también la humana finitud se nos presenta como necesariamente dotada de sentido en la medida en que –vista como realidad axiológicamente positiva– expresa el carácter único e irrepetible de la independencia de cada uno de nosotros. Este carácter único e irrepetible, en cuanto que valor positivo, no puede fundarse en sí mismo, pues la importancia axiológica no la obtiene cada ser humano individualmente, sino (análogamente a la importancia funcional de cada célula individual para el organismo en su conjunto) en la medida en que se refiere a un todo superior, a saber, a una comunidad humana. El mero y simple hecho de que cada ser humano individual posea un modelo completamente «exclusivo» en la piel rugosa de las yemas de sus dedos tiene una extrema importancia para la investigación criminalista o para el escudriñamiento de un criminal; pero esta «exclusividad» biológica de cada individualidad no le convierte todavía en una «personalidad», todavía no en una realidad única e irrepetible axiológicamente valiosa para la comunidad.

Si intentamos reunir en una fórmula la irrepetibilidad de todo ser-ahí y la condición única de cada ser humano en tanto que «irrepetibilidad para» –y, en consecuencia, referida a los otros, a la comunidad– en una fórmula, decíamos, que nos haga recordar la «terrible y señorial» responsabilidad del ser humano, la «seriedad» de su vida, entonces podríamos remitirnos a una máxima que hace más de dos mil años pronunciara Hillel,[18] y que reza así: «Si yo no lo hago, ¿quién lo hará entonces? Si yo sólo lo hago para mí, ¿qué soy yo? Y si no lo hago ahora, ¿cuándo habré de hacerlo entonces?». ¡En este «si yo no» radica la condición irrepetible de cada persona individual; en este «si lo hago para mí» radica la carencia de valor y de sentido de tal exclusivismo, en cuanto hubiera debido estar orientado a servir; en este «y si no ahora» radica la exclusividad de cada situación única!

Si ahora tuviésemos que resumir lo dicho sobre la pregunta por el «sentido» de la vida, entonces podríamos formularlo del modo siguiente: de suyo, vivir significa ser preguntado, responder, responder responsablemente[19] cada uno de su vida. En consecuencia, la vida ya no aparece como una realidad dada, sino como una realidad que realizar, es en todo momento tarea. Y de ahí se desprende también que la vida solamente puede convertirse en una realidad plena de sentido cuanto más difícil sea. El deportista, por ejemplo, el alpinista que se busca dificultades, que incluso se las crea él mismo, ¡qué contento se siente cuando, ante una pared de suyo difícil, encuentra una «variante» todavía más difícil! Y, llegados aquí, hay que hacer notar que –por su parte– en su forma de sentir la existencia, en su «comprensión del ser», la persona religiosa se caracteriza por dar un paso hacia arriba respecto del que da cualquier ser humano que también comprende la vida como tarea, en la medida en que –por así decirlo– la persona religiosa vivencia como tarea suya aquella instancia que para él «plantea» una tarea, o aquellas otras que a él le han sido planteadas como tareas: ¡la persona divina! Con otras palabras: la persona religiosa vivencia su vida como encargo divino.

Y, para ir concluyendo, ¿qué podríamos responder en definitiva a la pregunta por el «valor» de la vida? La perspectiva que nosotros asumimos puede tal vez expresarse con las siguientes palabras de Hebbel: «¡La vida no es algo, es la oportunidad para algo!». Cómo puedan estas breves palabras de un poeta trasladarse a pensamientos (probablemente para algunos de ustedes demasiado secos y sobrios) es lo que han escuchado ustedes hoy; pero la forma en que se traducen con precisión estos pensamientos en el alma grande pero sencilla de un ser humano valioso cotidiano pueden ustedes encontrarla en el siguiente párrafo de una carta que me ha enviado una mujer de ochenta y cinco años y medio después de una alocución mía por la radio: «… de este modo comprendo ahora mi vida como un plazo de gracia para llegar a ser una persona mejor».

¿Saben ustedes cómo encuentra un aviador en un vuelo a ciegas, en medio de la noche y de la niebla, el puerto de aterrizaje de su propio campo de aviación? Desde allí, conforme a su posición, le son enviadas por radio determinadas señales en morse de tal manera que –en la línea de contacto de ambos sectores, y sólo en ella– pueda oírse en el auricular del piloto del vuelo un insignificante tono persistente: el piloto no necesita hacer nada más que manejar el volante del avión según la duración de la percepción de ese tono para poder aterrizar siguiendo con seguridad la calle exacta conforme a la línea prescrita. ¿Acaso no le ocurre al ser humano algo de alguna manera semejante en su camino existencial, acaso no tiene cada ser humano –según lo que hemos venido oyendo esta noche– precisamente un único camino prescrito, el que le conduce a su «meta», un camino «único», conforme a su «forma de ser única»?

Sobre el sentido y el valor de la vida

II

Uno de los resultados a los que quisimos llegar en nuestra primera conferencia es el siguiente: si la vida tiene un sentido, entonces también el sufrimiento debe tenerlo. Ahora bien, el sufrimiento le pertenece a la «enfermedad». «Le pertenece», decimos, pues «sufrimiento» y «enfermedad» no son lo mismo. El ser humano puede sufrir sin estar enfermo, y puede estar enfermo sin sufrir. De tal manera constituye el sufrimiento una oportunidad auténtica para la vida humana como tal –de la cual en cierto modo forma parte por necesidad–, que en determinadas circunstancias el no sufrir puede ser un indicio de enfermedad. Eso lo vemos particularmente en los casos de aquellas enfermedades que, en general, suelen ser denominadas enfermedades del espíritu[20] y que, si bien son enfermedades, no lo son en absoluto del espíritu. El espíritu no puede enfermar de ninguna manera;[21] lo espiritual, en todo caso, puede ser verdadero o falso, valioso o disvalioso, pero nunca puede estar enfermo. Lo que únicamente puede estarlo, lo que únicamente puede enfermar es lo anímico.[22] Sin embargo, en semejantes casos de enfermedades anímicas, y desde luego en aquellos otros ocasionados anímicamente cuya causa no tiene su origen en sí mismos, sino que más bien se encuentran condicionados por lo corporal, precisamente en el caso de las mal llamadas enfermedades del espíritu (psicosis, en contraste con las neurosis, consideradas anímicas), precisamente aquí se evidencia de vez en cuando que el no-poder-sufrir constituye ya un síntoma al respecto.

Probablemente una persona que ha padecido una infección sifilítica pueda quedar amenazada años o decenios más tarde –con un determinado pequeño porcentaje de probabilidad– por una enfermedad sifilítica del cerebro llamada parálisis. Y, puesto que ella no sabe aún rigurosa y precisamente si ella misma pertenece o no a esos casos amenazados, cuando lo sepa –gracias a la investigación de la fluidez del tuétano de su espalda en determinadas épocas o a intervalos– tendrá miedo a que brote semejante perturbación del espíritu (añadamos entre paréntesis que ésta, en los casos en que haya dado positivo lo de la fluidez del tuétano, puede prevenirse con un tratamiento de malaria, del mismo modo que la parálisis que da la cara abiertamente puede curarse con un tratamiento temprano semejante). Este miedo a la parálisis puede adoptar luego dimensiones enfermizas, incluso alcanzar en sí mismo la condición de enfermizo, de neurótico. Pero ¿qué vemos cuando semejante ser humano llega a quedar afectado por la parálisis, una vez que la temida y enfermiza enfermedad explota? ¡Que en ese mismo instante cesa la preocupación por seguir asustándose por ella! ¿Y por qué? Porque el imaginario de la enfermedad de la parálisis traslada al afectado a una disposición anímica agradable que le hace suponer que a partir de ahí ya no puede sufrir, de que dentro del «sufrimiento» que padece no puede sufrir.

En general, ante un enfermo, o incluso ante sí mismo, el médico habrá de precaverse antes de formular el diagnóstico de una enfermedad difícil tan generalmente temida como es la parálisis; sin embargo, precisamente en el caso de un paralítico, semejantes precauciones resultan infundadas: ante un paralítico puede el médico hablar sin más ceremonias de la enfermedad en cuestión; el paciente correspondiente afirmará sonriendo que tal diagnóstico es incorrecto; y cuando, llegado el momento, el médico haga saber al enfermo que ni siquiera va a estar en condiciones de poder hablar correctamente, entonces este último se quedará completamente impasible y —como la mayoría de ellos en tales casos— echará la culpa de su dificultad para hablar a sus malos dientes, o la desplazará hacia su mala capacidad de morder.

Todo esto que al ser humano normal le impresiona o le aterra, a aquel otro cuya capacidad de sufrimiento se ve menoscabada por una enfermedad anímica le resulta efímero, sin afectarle ni impresionarle. Tomemos simplemente como ejemplo el hecho de la admisión en un nosocomio. Recuerdo a un paralítico que entró en la habitación en la cual los médicos de la institución tenían consulta por primera vez con los enfermos recientemente admitidos. Con risa jovial y un estado de ánimo manifiestamente pletórico nos saludó con palabras en las cuales proclamaba cuán a gusto se encontraba por estar junto a nosotros. Y, mientras después se le preparaba para una punción, sin mostrar la más mínima angustia, dijo tan sólo: «¡Desde luego yo sé por qué hacen ustedes todo eso conmigo: para que no me aburra!». Y, cuando finalmente se le practicó la punción, en la cual tuvo que sentir una punzada dolorosa, dejó caer –por así decirlo, como reflexionando– un «¡auu!», no sin al mismo tiempo añadir: «Eso estuvo bien…».

Si se ignora que el ser humano anímicamente enfermo, y desde luego de un modo especial el enfermo que padece «enfermedad del espíritu», ha perdido la capacidad normal de sufrimiento, entonces puede ocurrirle a uno lo que un día me ocurrió a mí: estaba yo cumpliendo el servicio diurno en un nosocomio y fui llamado al pabellón de admisión en el preciso momento en que se registraba un ingreso. Llegado allí, encuentro una mujer mayor y otra más joven, a todas luces madre e hija. La madre se comportaba como una loca completamente excitada y se quejaba de lo muy terrible que resultaba todo aquello, mientras que la joven se esforzaba por tranquilizar a la madre y consolarla, asegurando que todo volvería a estar bien, etcétera. Cuando hube luego de formularle algunas preguntas a la paciente, dirigiéndome a la tan agitada madre, la mujer me señaló con un dedo a espaldas de su hija ¡que la enferma era la hija! Sin embargo, la enferma misma no se encontraba en absoluto excitada, ni tampoco, en lo más mínimo, sublevada contra su ingreso en un nosocomio; precisamente la enfermedad que padecía le hacía reaccionar de esa forma relativamente apática a esta situación ciertamente no cotidiana y en absoluto agradable, a su internamiento en un sanatorio mental. Es precisamente así como se produce la reacción anormal y enfermiza (excitada, exuberante en sentimientos) ante una situación anormal y enfermiza.

Pero existen también signos patognomónicos de enfermedades anímicas en las cuales –por así decirlo, paradójicamente– el ser humano ¡sufre! por no poder sufrir. Existe, por ejemplo, una forma especial de melancolía que, a diferencia de la habitual, no se manifiesta con una disposición de ánimo de tristeza o de angustia, y en la cual los enfermos se quejan exclusivamente, por encima de cualquier otra situación, de no poder alegrarse pero tampoco sufrir, de su ineptitud para todo tipo de excitación del sentir en general, no sólo en la dirección de las vivencias agradables, sino también en la de las desagradables, de que se encuentran embotados en su disposición anímica y fríos sentimentalmente; estos enfermos se quejan de no estar siquiera en condiciones de sufrir, y de que una de sus mayores desesperaciones la constituye precisamente el que el psiquiatra nunca puede darse cuenta de todo aquello. Por todo lo cual, ¡cuán profundamente arraigado ha de encontrarse en la conciencia del ser humano saber que el sufrimiento le pertenece a la vida misma!

Pero ni siquiera esta situación nos resulta a nosotros en modo alguno tan ajena como pudiera parecer a primera vista; también en la vida anímica normal sabe de algún modo el ser humano en qué gran medida le resulta intrínsecamente constitutivo todo sufrimiento. Pues, si nos preguntásemos siquiera una vez, pero con toda honestidad y seriedad, si desearíamos cancelar las vivencias tristes de nuestra vida pasada, por ejemplo las relativas al amor, si desearíamos prescindir de todo aquello que se ha originado en el sufrimiento pleno, en la «vivencia del puro sufrir», entonces todos nosotros diríamos que no. Pues de algún modo sabemos cuánto hemos crecido y madurado interiormente en esos fragmentos y épocas de nuestro ser-ahí.

Llegados aquí, sin embargo, cualquiera de ustedes podría objetar que cuanto acabo de sostener no pasa de ser una falacia sofística, por así decirlo una maniobra demagógica por mi parte; que yo debería preguntar todo eso a un ser humano que todavía se encuentra «hundido» en el sufrimiento: ¡a él tendría que preguntarle si asume el sufrimiento como tal! Pues bien, también en esa situación tenemos experiencias, experiencias inmediatas, vitales.

En efecto, no hace más de un año que los hombres del campo de concentración se encontraban cavando zanjas y matándose para abrir con pico y pala el suelo helado, de forma tal que al hacerlo saltaban las chispas. Y, cuando el centinela de guardia se alejaba del grupo y, ya por un rato sin vigilancia, dejábamos reposar las palas y los picos entre nuestras manos desnudas, entonces daban comienzo allá afuera los diálogos entre aquellos hombres que se encontraban en el «destacamento exterior», esos diálogos al pie de obra que siempre eran los mismos, pues giraban una y otra vez con desapacible automatismo anímico en torno al mismo asunto: el tragar. Precisamente al pie de la zanja se intercambiaban ellos recetas de cocina y menús culinarios preguntándose uno al otro por sus comidas favoritas o llenándose la cabeza con fantasías respecto a sus bocados exquisitos, esmerándose incluso en describir aquello a lo que se invitarían a comer unos a otros y a lo que se agasajarían entre sí tras la liberación del campo de concentración. Sin embargo, los mejores entre ellos no deseaban ese día de la liberación para abandonarse al goce de los placeres culinarios, sino por un motivo completamente diferente: para que finalmente cesara aquella situación de indignidad humana absoluta en la cual no se podía hacer otra cosa que pensar simplemente en tragar, esa situación en la cual no se puede pensar otra cosa a no ser en si falta un cuarto de hora o media hora para las diez de la mañana antes del mediodía, o media hora o tres cuartos de hora para las doce del mediodía, y cuántas horas han de pasar todavía en aquella zanja con este estómago vacío hasta que llegue la breve pausa del mediodía, o hasta que al fin adviniese el anochecer y pudiera llevarse a cabo la marcha de regreso al campo de concentración para, finalmente, recibir en la cocina el cuenco de sopa. ¡Cómo ansiábamos entonces un sufrimiento propiamente humano, problemas propiamente humanos, conflictos propiamente humanos, en lugar de aquellas cuestiones infrahumanas del tragar o del hambrear, del quedarse helado de frío o del dormir, del trabajar como negros o del ser golpeados![23] Con cuánta nostalgia y tristeza recordábamos aquel tiempo pasado en el cual todavía padecíamos nuestros correspondientes sufrimientos, problemas y conflictos humanos, pero no el sufrimiento y las pulsiones de un animal; pero además, y en orden al futuro, cuán grande era nuestro anhelo, no de alcanzar una situación en la que pudiésemos vivir exentos de todo sufrimiento, sin problemas y libres de conflictos, sino donde ciertamente tendríamos que sufrir, pero sufrir con aquel tipo de padecimiento que le está reservado al ser humano como tal, es decir, con plenitud de sentido.

Ya hemos dicho que es posible alcanzar la plenitud de sentido en tres direcciones principales: en primer lugar, el ser humano puede dar sentido a su ser-ahí en tanto en cuanto hace algo, en tanto en cuanto actúa, en tanto en cuanto crea algo, en tanto en cuanto lleva a cabo una obra; en segundo lugar también, en la medida en que vivencia algo: naturaleza, arte, amor a los seres humanos, y, en tercer lugar, puede el ser humano alcanzarla también finalmente allá donde le sea dada la posibilidad –ya no en el primer caso, ni en el segundo– de conferir sentido a su vida, de hallar en ella un sentido: precisamente en la manera en que la persona decida regir la inalterable, determinada, inflexible e inevitable limitación de sus propias posibilidades, de cómo tome posición ante ella y de cómo se relacione con ella, de cómo asuma sobre sí misma ese destino, que es la cruz con la que tiene que cargar. Así pues, en el transcurso de su vida debe el ser humano estar dispuesto, conforme a las eventuales «necesidades de la hora», a cambiar en todo caso la dirección de su destino, sí, e incluso a cambiarlo con frecuencia. Pues ya hemos aludido a que el sentido de la vida sólo puede ser uno concreto, concreto tanto en lo que se refiere a cada ser humano individual como en lo referido a cada hora en particular: la pregunta que la vida nos plantea cambia de persona a persona, así como de situación a situación. Me gustaría traer aquí a colación un caso paradigmático de cómo ese cambio de dirección y de sentido se vio «exigido» tanto por el destino como por la «obediencia» del correspondiente ser humano.

Trátase, en efecto, de un hombre joven que, habiendo gozado de una vida profesional interesante y fructuosa –un diseñador publicitario muy exitoso– se vio apartado de repente de su trabajo profesional por haber caído enfermo de la médula espinal de forma maligna e inoperable. Este tumor le paralizó muy rápidamente los brazos y las piernas, viéndose entonces imposibilitado para seguir adelante con la dirección en que básicamente había configurado su vida con sentido pleno, a saber, la dirección de estar activo. Separado ya del grupo profesional, se vio forzado a tomar otra dirección: su actividad iba disminuyendo crecientemente, viéndose cada vez más obligado a encontrar en una actitud pasiva el sentido de aquella situación de estrechez sobrevenida, y todo eso en la medida de sus posibilidades de luchar por dar sentido a su vida. Pues bien, ¿qué es lo que hizo nuestro paciente? Cuando estuvo en el hospital se dedicó a la lectura con la máxima intensidad, leyó libros para los que antes, dada su compleja vida profesional, nunca había encontrado tiempo, oyó aplicadamente música en la radio, y sostuvo los más excitantes diálogos con algunos de los pacientes con los que convivía. De este modo se retrotrajo nuestro paciente a aquel ámbito de su ser-ahí en el que –al margen de la vida activa– resulta posible a todo ser humano alcanzar en su sí mismo, en la aceptación pasiva del mundo (no en última instancia también de lo espiritual), el sentido pleno de su vida, el dar respuesta a la cuestión de la vida. De esta manera resulta comprensible que este valiente ser humano no haya experimentado en absoluto el sentimiento de que su vida –ni siquiera con todas las limitantes derivadas de su enfermedad– haya carecido de sentido. Más tarde, sin embargo, llegó el momento en que su enfermedad avanzó de tal modo que sus manos no pudieron ya sostener ningún libro, tanto había empeorado su fuerza muscular; más adelante, ya no pudo soportar los receptores auditivos, tanto le afectaban los dolores nerviosos al cráneo; y, finalmente, también se le volvió difícil hablar, por lo cual no pudo seguir manteniendo sus ricas discusiones espirituales con los otros enfermos. Así de separado del grupo veíase este hombre nuevamente limitado por el destino, no solamente en el ámbito de la realización de valores creativos, sino también en el de los valores de vivencia. Esta era la situación condicionada por la enfermedad de sus últimos días de vida. Pero también en semejante situación pudo pelear por conferir sentido a su vida, precisamente en la manera en que se enfrentó a esta situación. Nuestro paciente sabía con toda exactitud que sus días, y finalmente sus horas, estaban contados. Recuerdo claramente ahora la visita que tuve que pasar en mi condición de médico de guardia de ese hospital en la última tarde de vida de este hombre. Cuando andaba cerca del lugar de su cama me llamó por señas. Hablando penosamente me dio a entender que por la mañana, durante la visita del médico jefe, se había dado cuenta de que el profesor G. había ordenado suministrar una inyección de morfina a los enfermos que estaban en sus últimas horas para aminorar los terribles dolores de su inminente muerte. Y, dado que él se encontraba —añadió— en la misma situación, y que en la noche siguiente se haría lo mismo con él, me pedía en consecuencia que le pusiera la inyección justamente ahora, en ese momento de mi visita, para que la enfermera del turno de noche no tuviera que despertarme, a fin de no interrumpir mi sueño... ¡Todavía en las últimas horas de su vida estaba este ser humano pensando en cuidar a los otros, en lugar de «molestarles»! Prescindiendo de la gran valentía con que soportó todo su sufrimiento, ¡qué hazaña, no hazaña profesional sino humana, subyace en este querer tomar en consideración a los demás —literalmente— todavía en la última hora! Me comprenderán ustedes si a renglón seguido añado que ningún diseño de publicidad, por grande que hubiese sido, ni siquiera el mejor y el más bello del mundo que hubiera podido elaborar nuestro paciente en la mejor época de su actividad profesional, podría parangonarse como hazaña con la manifestada por este sencillo ser humano en el comportamiento de sus últimas horas que acabamos de narrar.

De esta manera vemos que la enfermedad no entraña en modo alguno una pérdida de sentido, que no conlleva un empobrecimiento del sentido del ser-ahí;

más bien ella es conforme a sus posibilidades siempre algo lleno de sentido. Que una pérdida de sentido tampoco tenga que surgir necesariamente allí donde un ser humano sufre en su propia carne una pérdida es algo que podría extraerse del caso que narro a continuación. Un día, uno de los juristas destacados de Austria fue ingresado en un hospital en el cual me encontraba yo trabajando por aquel entonces. Este paciente sufrió una gangrena por calcificación de las arterias y hubo que amputarle la pierna. Luego de haber superado bien la operación, un día llegó tan lejos que quiso emprender los primeros intentos de marcha sobre una sola pierna. Con mi ayuda salió de la cama y comenzó torpe y penosamente a dar saltitos por la habitación sobre una pierna, como un gorrión. De repente rompió en llanto y el venerable anciano famoso en todo el mundo al que sostenía con mis manos lloró quedamente como un niño pequeño: «¡No lo voy a soportar, una vida de mutilado no tiene ningún sentido!», gemía. Entonces le miré a los ojos y le pregunté enfáticamente y con sarcasmo: «Dígame, señor presidente, ¿tiene usted la intención de convertirse en corredor de carreras de corto o de largo recorrido, y en calidad de tal volver a correr?». Él me miró sorprendido. «Pues entonces y sólo entonces –continué–, podría comprender yo su desesperación y sus anteriores palabras, ya que habría quedado usted fuera de juego, por lo cual su vida venidera sería ciertamente para usted un continuar viviendo carente de sentido: ni como corredor de carreras cortas ni de carreras largas quedaría ya cuestionado. Pero, además, ¿sería motivo suficiente para un ser humano que, como usted, ha configurado con plenitud de sentido toda una vida, que ha tenido repercusión y que se ha hecho un nombre en su ámbito profesional, haber perdido sentido la vida por haber perdido una pierna?». El hombre comprendió inmediatamente lo que yo quería transmitirle y esbozó una sonrisa fugaz sobre su lloroso rostro.

La enfermedad, pues, no supone en modo alguno una pérdida de sentido. Y más todavía que eso: ella puede incluso significar alguna ganancia. Para aclararles esa posibilidad quisiera ahora relatarles a ustedes un caso que tuvo su origen en un campo de concentración. Allí me salió al encuentro una mujer de pocos años a la que ya conocía de antes. Cuando volví a verla en el campo de concentración, ella se encontraba en una situación deplorable y próxima a la muerte, como también supe. Sin embargo, pocos días antes de su muerte me dijo: «Le estoy muy agradecida al destino por haberme traído aquí; en mi antigua vida pequeñoburguesa albergué alguna ambición en el terreno de las bellas artes, pero de alguna manera eso no era totalmente serio para mí. Sin embargo, ahora estoy feliz pese a todo. Ahora todo se me ha vuelto serio y puedo y debo acreditarlo». Cuando dijo esto se encontraba más alegre de lo que nunca antes la había yo conocido.[24] De esta forma le fue dado; había tenido la suerte de hacer aquello que Rilke pide de cada ser humano: «¡Poder morir la propia muerte!». Con otras palabras, agregar la muerte plena de sentido a la totalidad de la vida, e incluso completar realmente en la muerte el sentido de la vida.

De cuanto antecede se desprende que no tenemos que maravillarnos de que existan seres humanos que –con semejante perspectiva respecto al sentido propiamente dicho de la muerte dentro del sentido general de la vida– no vean en la enfermedad ni en la muerte ninguna pérdida, sino incluso una ganancia, precisamente incluso un «obsequio». Tengo ante mí el original de una carta –una carta respecto de la cual me gustaría afirmar con solemnidad que no se me escribió a mí, y que por tanto el redactor de la misma no hubiera podido sospechar que alguna vez tomara yo su escrito como ejemplo en una conferencia–. Pero, antes de que les lea los correspondientes pasajes de la carta, previamente quiero relatarles su historia. Este hombre fue atacado de una forma bastante rápida por una severa enfermedad en la médula espinal que amenazaba su vida. Para su mejor tratamiento marchó lejos de Viena, a la casa de campo de una señora amiga. Sus conocidos habían consultado a uno de los más famosos médicos especialistas y éste se había mostrado refractario a la posibilidad de una operación, pues además –en su opinión– la operación misma hubiera tenido a lo sumo un cinco por ciento de posibilidades de salir bien. De todo esto informó en una carta uno de los conocidos a la señora de la casa, cuyo huésped invitado era por aquel entonces mi paciente. Esta carta fue llevada en la bandeja por una doncella a la habitación durante el desayuno común de la anfitriona y del huésped invitado sin la menor idea de lo que significaba. En el escrito del enfermo que ahora tengo en las manos subraya todo lo que acabamos de decir y añade después: «De esta manera [...] me resultó inevitable echar una mirada a la carta de [...]; por otra parte mi anfitriona hubiese tenido que romperla después de haberla leído conforme al uso tradicional de aquellos tiempos, y de ello también habría podido yo extraer mis propias conclusiones. En aquellas circunstancias, cierto día un amigo me rogó con insistencia que fuera a ver con él –si no me equivoco mucho– la primera película sonora que se proyectaba en [...]: *Titanic*. Fritz Kortner representaba con su maestría al poeta entumecido en su silla de ruedas que, después de resistirse en vano, deja elevarse hasta él el flujo inundatorio de las aguas y luego, rezando el padrenuestro, firme y conscientemente, conduce a la muerte a una pequeña comunidad de destino.[25] Yo regresé conmovido de esta primera vivencia cinematográfica y pensé que debería ser un obsequio del destino el seguir adelante conscientemente hacia la muerte. ¡Y ahora se ha concedido tal cosa en lo que a mí se refiere! Nuevamente hubiera podido yo intentar poner a prueba lo que quedase en mí de luchador; pero esa lucha ya no presupondría de entrada victoria, sino un último tensionamiento de mis fuerzas como tal, un último ejercicio gimnástico por así decirlo. Yo quiero soportar los dolores en la medida en que ello sea posible, sin narcóticos. ¡La expresión "luchar por las fronteras perdidas" no debería en absoluto tener sentido en mi cosmovisión! Sólo cuando se lucha tiene eso sentido. Tras la lectura de la carta de [...] con el juicio del profesor [...] hemos tocado esta tarde la "cuarta" de Bruckner, la romántica. Todo en mí repercutía con gran torrencialidad y me hacía bien. Por lo demás, trabajo diariamente en matemáticas y no estoy en absoluto sentimental. Con todo cariño, tu [...]».

Ahora ya no puedo imaginarme que ninguno de ustedes pudiera reprocharme haber hablado blandamente, antes al contrario desearía ver alguna vez a un enfermo que realmente diese testimonio ante la muerte con una actitud semejante a la que les he planteado, caracterizada como posible y por lo mismo también como necesaria: el escritor de las líneas a que me he referido no habló blandamente y, sin embargo, actuó y mostró con su proceder que también lo alentado puede ser realizado.

Por lo tanto, debería quedarles a ustedes muy claro que, contra el logro de sentido que puede resultar del enfermar y del morir, nada en absoluto pueden significar todas las ausencias de éxito ni todo el fracaso del mundo, pues aquí se trata sobre todo de un éxito interior, y este éxito interior permanece a pesar de toda ausencia de éxito exterior. También podría haberles quedado claro que lo dicho no vale solamente para casos especiales, sino que todos y cada uno de nosotros tenemos que afrontarlo también en la vida. De alguna manera, en última instancia la carencia de éxito de todos nosotros se produce porque bajo la palabra «éxito» entendemos exclusivamente el éxito exterior, pues ningún éxito exterior, ningún efecto suyo, ni biológico ni sociológico, es decir, procedente del mundo de allá fuera, posee la fuerza necesaria para sobrevivirnos, y menos para durar eternamente. Por el contrario, el éxito interior de la vida es algo que, de darse en su totalidad, podría alcanzarse «de una vez por todas». Que esta meta solamente se logre a veces al final del ser-ahí no daña de ningún modo al sentido de la vida, tan sólo redondea este «final» para convertirlo en un final perfecto. Resulta difícil hacer visibles y creíbles estas cosas basándonos en ejemplos cotidianos, pero nos las visibiliza mejor el arte. Les recuerdo a ustedes simplemente la novela de Werfel *La muerte del pequeño burgués*. Aquí dibuja Werfel la figura del ser humano cotidiano, pequeño, pequeñoburgués, cuya vida entera se compone de miseria y de preocupaciones en la cuales parece ir deshaciéndose. Allí enferma y es trasladado a un hospital. Y entonces nos muestra Werfel cómo lleva a cabo este hombre una lucha heroica contra la muerte que se le acerca porque su familia habría cobrado una póliza de seguro tan sólo con que él hubiera muerto después del día de Año Nuevo, pues en caso contrario el seguro no la hubiera ejecutado. Y así, en esta lucha con la muerte, en esta pugna por seguir vivo el día del Año Nuevo, en esta lucha en torno al seguro financiero, alcanza este ser humano normal y corriente una magnitud humana que tan sólo un poeta puede describir. O piensen ustedes si quieren en la secuencia de algún modo paralela de la novela de Tolstói *La muerte de Iván Ilich*. También aquí nos encontramos ante un ser humano provinciano que desespera solamente ante la muerte y la abismal ausencia de sentido de su existencia vivida hasta entonces tal y como emerge a su conciencia, pero que en su desesperación da un cambio y, en este cambio, con este cambio, reaccionando por así decirlo, confiere aún sentido a su vida gastada en vano y, precisamente por esta vivencia de la banalidad de la vida hasta entonces llevada, convierte la totalidad de su vida en una vida llena de sentido.

Pero en realidad no necesitamos de la «poesía» para poner claramente de relieve lo que acabamos de decir; también la «verdad», la realidad de la vida de nuestra cotidianidad puede instruirnos al respecto. Hace muy poco he oído un reportaje de un capellán de prisiones en el que éste hablaba de la vivencia religiosa de seres humanos condenados a muerte. Allí la cuestión no giraba en torno a los muchos y conocidos héroes y mártires, es decir, no solamente se trataba de ellos, sino, por poner un ejemplo –y este caso fue el que me pareció más impactante–, de un criminal. El capellán daba cuenta del sorprendente diálogo que sostuvo con el criminal en la noche anterior al ajusticiamiento de éste. El condenado a muerte había confesado al capellán que había vivido toda su joven vida «inútilmente». Sin embargo, el capellán, apoyándose en las palabras de la Biblia «pues, si vivimos, para el Señor vivimos; y si morimos, para el Señor morimos; por tanto, ya sea que vivamos o que muramos, del Señor somos»,[26] le dejaba claro que, si en verdad había vivido malgastando la oportunidad de vivir con plenitud de sentido («para el Señor»), precisamente ahora tenía la oportunidad de morir con plenitud de sentido («para el Señor»). Y, además, el capellán continuó relatando lo que le había dicho al propio delincuente: «Resulta difícil para mí ayudar a poner en práctica la palabra de Dios; sin embargo, cuando el sábado próximo suba al púlpito, mi comunidad se preguntará: ¿qué le pasa hoy a nuestro párroco que está tan cambiado y su predicación ejerce tanto efecto sobre nosotros?... Y yo sabré cuál era la causa de esto: ¡usted mismo! Ojalá pudiera yo presenciar cuán valientemente y aferrado a la mano del Señor se enfrenta usted a la muerte, con cuánto vigor podría actuar sobre usted esa palabra del Señor: que ahora pueda morir con Él aunque no haya vivido con Él».

Si, después de todo lo dicho, ha quedado claro que la vida enferma, incluso la ordenada a la muerte inmediata, tampoco es en absoluto vida carente de sentido, entonces tendríamos que formularnos a continuación la cuestión de con qué derecho podría afirmarse nunca que el enfermo o el ordenado a la muerte, el ser humano «enfermo de muerte», sea un ser humano carente de valor, y que en consecuencia su vida sería una «vida sin valor». Al hablar de esto queremos por nuestra parte prescindir incluso del valor de utilidad, de todo «valor de utilidad» que también podría contener la vida de individuos enfermos, precisamente el valor de sus vidas en cuanto que ellas significan una contribución al descubrimiento de nuevas enfermedades, o al encuentro de posibles nuevos tratamientos: ¿por qué se quiere excluir de antemano de la valoración este punto de vista?

Según nuestra opinión, aceptar este punto de vista hubiera conferido en sumo grado un derecho para la vida entera; visto desde él, puede parecer justificada la pregunta de qué valor podría poseer su vida enferma para la ciencia; por lo demás, es bien conocido que numerosos seres humanos autorizan la entrega de sus cadáveres a un instituto anatómico para poder hacer un servicio a la ciencia incluso después del cese de sus vidas. Ahora bien, desde nuestro punto de vista, que es el punto de vista del médico, es ésta una valoración altamente cosificada del ser humano. Desde luego, al médico le «toca» ser imparcial, la actitud médica con respecto al enfermo le obliga a una gran distancia interior. Sin embargo, pensemos tan sólo en la forma en que se lleva a cabo una visita en un hospital. A veces no se tiene ante los ojos al ser humano, sino al «caso». El asistente que «conduce» al jefe durante la visita le presenta los enfermos como «un caso de» esta o de la otra enfermedad. En general, el médico se inclina también a tratar la enfermedad, pero no al ser humano enfermo. Y una y otra vez se oye la expresión: «Esto es un caso de…». Démonos cuenta de lo que esto significa: se dice «esto», pero no «éste», no «este ser humano que está ahí». Además, se dice «es», pero no «tiene», por lo tanto, la cuestión no gira en torno a si se trata de una enfermedad que tiene este ser humano, sino tan sólo del caso que este hombre «es»; por otra parte, se habla de «un» caso, por lo tanto, como si fuera algo discrecional, un simple representante de una determinada enfermedad, o también quizá del caso de tantos y cuantos de una serie con la que se denomina a los enfermos, un «material». Con semejantes formas de hablar, que inconscientemente se deslizan furtivamente en la jerga médica, queda bastante bien caracterizado cuán profunda y extendida se encuentra esta tendencia al distanciamiento por parte del médico con respecto al enfermo, lo que pone de manifiesto la cosificación con que trata al ser humano. El buen médico, que también es reconocido como un buen ser humano, el buen médico debe, por tanto, regresar siempre de la imparcialidad a la humanidad. Cuanto más imparcial amenace con ser su actitud –y esto ocurre precisamente con los casos de enfermedad espiritual–, tanto más deberá obligarse a sí mismo para lograr el giro hacia la actitud humana, aunque ocasionalmente sólo sea pasando de la afirmación: «Bueno, eso es un caso de demencia precoz» a la pregunta: «¿Qué haría yo en su lugar?». Es de suyo una realidad –que aquí no queremos seguir tocando– la de que este giro hacia lo humano, este cambio de la actitud médica de distanciamiento, científica, a la posición humana y propiamente médica, la de que esta humanidad en el médico ante el enfermar en general no sólo *descubre* (lo que desde luego hace mucho tiempo es importante), sino que además *despierta* lo humano en el enfermar (lo que, repitámoslo, resulta muy manifiesto en la terapia de sanación del alma).

Así pues, cuando alguna vez se suscita la cuestión de la simple utilidad de la vida enferma para la sociedad humana y para el progreso científico, este cuestionamiento pone de relieve abiertamente un punto de vista inhumano y por tanto no médico, un punto de vista de cosificación radical y de deshonra del ser humano que desde luego nosotros rechazamos de entrada. Ni siquiera el ser humano enfermo de espíritu «es» para nosotros ninguna enfermedad, sino sobre todo un ser humano y, en consecuencia, un ser humano que «tiene» una enfermedad. ¡Y cuán humanamente puede comportarse este ser humano aun cuando se encuentre tan enfermo, e incluso tan enfermo mental, cuán humanamente puede comportarse no sólo a pesar de su enfermedad y en ella, sino en su *actitud* hacia la enfermedad! Hacía muchos años que conocía yo a una vieja señora que desde hacía decenios padecía una severa enfermedad del espíritu y continuamente era mortificada por ilusiones de los sentidos; siempre oía «voces» que criticaban lo que hacía y lo que dejaba de hacer y la abandonaban con observaciones sarcásticas, sin duda una situación altamente torturadora. Pero ¡de qué manera había tomado posición esta mujer respecto a su terrible destino, cómo se había reconciliado con tamaño destino! Esto es lo que había hecho: cuando se inmergía en esos diálogos para describir su situación, se hallaba serena y de buen humor; además, en la medida de lo posible, había continuado siendo un ser humano laborioso. Estando yo mismo sorprendido me permití hacerle cautelosamente la pregunta sobre qué es lo que realmente pensaba ella de semejante situación y sobre cómo podía reírse aún de la misma, si aquella permanente escucha de voces no le resultaba demasiado cruel. ¿Y cuál fue la respuesta? «Dios mío, yo siempre pienso, señor doctor, que siempre es mejor oír voces ahora que cuando antes estaba teniente (dura de oído)». Y luego se reía pícaramente. ¡Qué humanidad, qué hazaña humana, incluso estoy tentado a decir qué obra de arte encierra pese a todo esta confesión!

Y ahora preguntémonos qué es lo que tenemos que decir cuando, tan sólo por el mero hecho de estar enfermos, a los incurables, en especial a los enfermos incurables de espíritu, se les trata como a «vidas indignas de vivir» y como a tales se las amenaza con la aniquilación, e incluso se las ha aniquilado de hecho. Lo que la Iglesia católica tenía que decir al respecto ya es conocido, ya se ha dicho desde el púlpito; como es sabido, arriesgándose mucho personalmente, el recientemente difunto obispo de Münster, Graf Galen, ha tomado posición respecto a esta cuestión.[27] Desde esta nuestra posición más humilde y carente de normatividad, también nosotros hubiéramos podido ahorrarnos por completo manifestar nuestra posición en lo que se refiere al problema de la eutanasia, de la muerte gratuita, pues no merecería la pena reaccionar respecto a opiniones que además estamos acostumbrados a escuchar por doquier, ya que una y otra vez se oye decir que la matanza de seres humanos enfermos espiritualmente incurables es algo que «pudiera entenderse inmediatamente» como lo único de todo punto rechazable en un programa político-ideológico. Así las cosas, queremos nosotros reflexionar aquí sobre todos los fundamentos que la mayoría de las veces constituyen el erróneo presupuesto silencioso de las convicciones y oponerles una contraargumentación lo más radical posible.

Y, puesto que se cuestiona en primera línea el derecho de los enfermos del espíritu incurables y de su aniquilación en tanto que sin sentido, sin valor, e «indignos de vivir», tendríamos que comenzar preguntándonos: ¿qué significa «incurable»? En lugar de comenzar proporcionándoles a ustedes –en cuanto que hombres carentes de especialización– explicaciones no del todo comprensibles, y sobre todo incontrolables, quisiera por mi parte limitarme a poner ante ustedes un caso concreto vivenciado por mí mismo. En un manicomio había un hombre joven que, por así decirlo, se encontraba en una situación de represión: durante cinco años enteros no habló ninguna palabra ni comió espontáneamente, razón por la cual hubo de ser alimentado por medio de una sonda nasal y permaneció todos los días en la cama, por lo que la musculatura de sus piernas se le atrofió. Cuando, con ocasión de una de las tan habituales visitas de médicos por las instalaciones, referí este caso, uno de los estudiantes –como era tan frecuente– me formuló la siguiente pregunta: «Dígame en serio, señor doctor, ¿no sería mejor que se aniquilara a un ser humano semejante?». Pero el futuro hubiese podido darle la respuesta. En efecto, un día, sin ningún motivo aparente, nuestro enfermo se irguió en la cama, solicitó del auxiliar en la forma habitual poder tomar su comida y, además, pidió ser sacado de la cama para comenzar con sus ejercicios de recuperación del movimiento. Por lo demás, también se relacionó de una forma completamente normal en la medida de sus limitaciones. Poco a poco comenzaron a robustecerse sus músculos de las piernas y en unas pocas semanas el paciente pudo ser dado de alta como «curado». Poco después no sólo volvió a trabajar en su profesión anterior, sino que incluso volvió a realizar exposiciones en una de las universidades populares de Viena sobre viajes al extranjero y excursiones alpinas por él realizadas, de las cuales sacó fantásticas fotografías. Y otra vez, por invitación mía, habló también ante un pequeño círculo íntimo de colegas psiquiatras amigos sobre los cinco años críticos de su estancia pasados en aquel nosocomio. En esta exposición puso de manifiesto todas sus posibles vivencias interesantes de aquella época y no solamente nos proporcionó una panorámica de lo anímico que se escondía por su parte tras su «pobreza de movimientos» exterior (según acostumbran a llamarla los psiquiatras), sino también en tantos detalles dignos de consideración de lo que acontecía «detrás de los bastidores», ese acontecer del que no se da cuenta en absoluto un médico altamente especializado que solamente se limita a hacer visitas a los pacientes, y que fuera de esas visitas nada se le ocurre, nada imagina en absoluto. Después de los años el enfermo recordaba todavía este o aquel suceso muy a pesar de uno u otro de sus enfermeros, que desde luego nunca pudieron haber calculado que el enfermo volvería a sanar y a dar cuenta de sus recuerdos.

Pero, aceptando incluso que se tratara de un caso determinado, de un hecho realmente insanable según la opinión general y común, ¿quién podría decirnos cuánto tiempo seguirá siendo incurable este caso, o la correspondiente enfermedad? ¿Acaso no hemos vivido nosotros en psiquiatría, y especialmente durante los últimos decenios, que determinados trastornos del espíritu hasta entonces tenidos por incurables pudieron finalmente ser aminorados gracias a determinados métodos de tratamiento, si no realmente sanados del todo? ¿Quién nos dice, pues, en cualquier eventualidad, que este caso determinado de trastorno del espíritu con el que nos enfrentamos en esta situación no podría mejorar gracias a un método de sanación con el que tal vez se esté trabajando en algún lugar del mundo, en alguna clínica, sin que nosotros tengamos por nuestra parte idea alguna?

Sé con toda exactitud qué otras objeciones a lo dicho por mí estarán ustedes pensando ahora, así que precisamente por eso voy a dirigirme inmediatamente contra las ideas generales y básicas referidas a cualquier aniquilación de seres humanos enfermos del espíritu. De este modo tenemos que seguir preguntándonos: suponiendo que nosotros fuésemos de hecho tan omniscientes como fuera necesario para hablar con absoluta seguridad de incurabilidad no sólo momentánea, sino también duradera, ¿quién daría al médico, incluso en ese caso, el derecho a matar? ¿Es el médico como tal médico el encargado para ello por la sociedad humana? ¿O no será, por el contrario, más bien el médico aquel al que la sociedad le encomienda sanar donde pueda, ayudar donde pueda, cuidar cuando no pueda sanar? (No en vano la mayoría de las instituciones para enfermos del espíritu se denominan expresamente «instituciones para sanar y cuidar»). El médico, en cuanto tal médico, no es por lo tanto un juez sobre el ser o no ser de los seres humanos a él confiados, incluso de los que se han confiado por sí mismos a él. Así pues, desde el principio, al médico nunca le es concedido– ni tampoco podría arrogárselo nunca él mismo– el derecho a juzgar sobre el posible valor o no valor de la vida respecto a enfermos supuesta o realmente incurables.

¡Imagínense ustedes siquiera por una vez hacia dónde iríamos si este «derecho» (que, repitamos, el médico no posee en absoluto) fuera elevado al rango de ley, aunque se tratase de una ley no escrita: yo les digo que se terminaría de una vez por todas con la confianza de los enfermos y de los pertenecientes a la institución sanitaria! Pues nunca sabría uno si el médico se le acercaría como ayudante y sanador o como juez y verdugo.

Pero sigan ustedes planteando nuevas objeciones: quizá quieran ustedes situarse en el punto de vista contrario al expuesto por mí: mis argumentaciones resultarían en todo caso inconcluyentes si nos preguntásemos seriamente si acaso no corresponde precisamente al Estado la obligación de encerrar en orden a su aniquilación a los individuos insignificantes e inútiles. De todos modos resultaría absolutamente impensable que el Estado, en cuanto que velador de los intereses generales, tuviese que liberar a la sociedad del lastre de estos individuos altamente «improductivos», que además devoran el pan del ser humano sano y apto para la vida.

Ahora bien, puesto que se trata de un «consumir» bienes o medios de alimentación, camas de hospital, o la acción de los médicos y del personal sanitario, etcétera, estaría de más cualquier toma de posición sobre la discusión de este argumento con que tan sólo tengamos en cuenta lo siguiente: ¡un Estado al cual le va en el terreno económico tan cochinamente, hasta el extremo de verse constreñido a exterminar a un porcentaje tan insignificante de enfermos incurables para ahorrar de ese modo en los así llamados «bienes», un Estado semejante ya se ha mostrado a todas luces incapaz de seguir llevando adelante su función económica!

Por lo que atañe a la otra parte de la cuestión, a saber, que los enfermos incurables para la sociedad humana ya no son útiles, que por lo tanto cualquier cuidado en su favor es un cuidado «improductivo», habría que acordarse de que la utilidad para la sociedad no puede ser nunca y de ninguna manera la única medida que estemos justificados a proporcionar a un ser humano. Los idiotas que son mantenidos en los psiquiátricos y que desempeñan sus trabajos más elementales —empujar una carreta cargada con ladrillos, aunque sólo sea ayudar a limpiar los cacharros— son mucho más útiles y productivos, con mucho, que, por ejemplo, nuestros abuelos, que pasan el final de su vida de forma altamente «improductiva» y cuyo exterminio por culpa de esa su improductividad sólo y exclusivamente rechazaría en todo caso esa gente que, por el contrario, es partidaria de la eliminación de la vida improductiva. Cuán improductiva resulta, sin embargo, la existencia de cualquier pobre abuelita que allá en su casa se apoltrona en su butaca casi tullida frente a la ventana y allí se queda medio dormida ante ella y, sin embargo, qué bien rodeada y arropada está por el amor de sus hijos o de sus nietos. Dentro de este amor ella es esencialmente una abuela, ni más ni menos; ¡como tal, ella es, sin embargo, insustituible e irreemplazable dentro de este amor, exactamente tan completamente insustituible e irreemplazable como cualquier otro, tan insustituible e irreemplazable como pueda serlo cualquier otro ser humano que siga activo en su vida profesional respecto a la sociedad! Cuando en la anterior conferencia afirmábamos que la singularidad e irrepetibilidad de todo ser humano manifiesta el valor de su persona, y que este valor debería estar referido a una comunidad «para la cual» esa unicidad tiene un significado valioso, pensábamos sobre todo en una actividad para la comunidad; sin embargo, ahora se pone de relieve que hay todavía un segundo camino por el cual se manifiesta el ser humano como una realidad exclusiva, única e irrepetible con respecto al valor, un camino, pues, por el cual se realiza su valor identitario como persona y en el cual se lleva a cabo el sentido de su vida personal y concreta: es éste el camino del amor; o, mejor dicho, del llegar a ser amado. Es éste, digámoslo así, un camino pasivo: sin ningún logro, sin ninguna actividad, «sin nada que añadir», el ser humano –como si le cayera del cielo, por así decirlo– adquiere conciencia de por qué sólo tiene que luchar mientras está activo, de por qué únicamente puede lograr la ganancia con su trabajo: porque, ciertamente, el amor no se puede merecer, el amor no constituye en general ningún mérito, pues tan sólo es gracia. De este modo, por el camino del amor, «en la senda de la gratuidad», le es dado al ser humano lo que tan sólo puede obtener por un camino: la realización de su entera singularidad e irrepetibilidad. En consecuencia, la esencia del amor –al margen de toda sexualidad– es su hacer posible una actitud respecto al otro ser humano amado en cuanto que realidad incomparable e inintercambiable; es su llegar a hacer visible al otro ser humano amado precisamente en su condición de único e irrepetible.

Y ahora voy al siguiente argumento: aunque todo lo que digo es válido en general, sin embargo, apenas se toma en consideración cuando se trata de aquella pobre criatura a la que de alguna manera se le atribuye demasiado ampliamente el título de ser humano, por ejemplo, a los niños idiotas espiritualmente retrasados por completo. Sin embargo, quedarían ustedes sorprendidos –aunque el psiquiatra experimentado no lo está en absoluto– si les dijera que continuamente se ve cómo precisamente tales niños son cuidados y mimados con amor particularmente tierno por sus respectivos padres. Permítanme que al menos les lea un párrafo de la carta de una madre que había perdido a su hijo en el transcurso de las conocidas como medidas eutanásicas (la carta apareció muy recientemente en un diario de Viena): «Por causa de una prematura deformidad congénita del hueso craneal en la madre, mi niña nació enferma incurable el 6 de junio de 1929. Yo misma tenía entonces dieciocho años. Yo adoraba a mi niña y la amaba infinitamente. Mi madre y yo lo hicimos todo para ayudar a la pobre pequeña criatura, aunque en vano. La niña no podía caminar ni hablar, pero yo era joven y no perdía la esperanza. Trabajaba día y noche en torno a mi amada madre tan sólo para poder comprar preparados alimenticios y medicamentos y, cuando mi niña ponía sus pequeñas manos escuálidas en torno a mi cuello y yo le decía: "¿Me quieres, Mädi?", entonces ella se me apretaba muy fuertemente, se reía y con torpeza dirigía sus pequeñas manitas a mi rostro. Entonces yo me sentía feliz, pese a todo infinitamente feliz». Pienso que cualquier comentario al respecto resulta superficial y que sería sumamente peligroso que la impresión quedara emborronada tan sólo por sentimentalismo.

Pero créanme: todavía podrían seguir esgrimiendo ustedes argumentos, al menos virtualmente. Por ejemplo, podrían afirmar finalmente que el médico que matara a un enfermo incurable estaría en última instancia representando, por así decirlo –en el buen sentido– en los casos de enfermedad espiritual, la propia voluntad de los pacientes afectados precisamente porque éstos no pueden darse verdadera cuenta, en la medida en que su voluntad está enferma; precisamente porque la propia voluntad y el verdadero interés de estos enfermos padece perturbación espiritual, precisamente por eso el médico –en cuanto que abogado de esa voluntad– no solamente estaría autorizado, sino también obligado, a acometer la muerte. Semejante muerte, correctamente entendida, sería una acción sustitutoria de un homicidio que sin duda el enfermo habría llevado a cabo apenas supiera lo que le está pasando.

Lo que por mi parte tengo que decirles al respecto contra un argumento semejante quiero presentárselo a ustedes de nuevo con un caso vivenciado por mí mismo: cuando yo era joven trabajaba en una clínica internista en la que un día fue ingresado un joven colega. Él mismo se había diagnosticado a sí mismo que se trataba de un mal canceroso peligroso y en curso, ya no operable y especialmente maligno, ¡y además su diagnóstico era correcto! Tratábase de una forma especialmente cancerosa médicamente conocida con el nombre de melanosarcoma, que puede detectarse mediante una determinada reacción en la orina. Naturalmente, sus colegas tratamos de confundir al paciente, para lo cual cambiamos su análisis de orina por el de otro enfermo y le mostramos el resultado negativo de la analítica. Mas ¿qué hizo él? Un día, a eso de la medianoche, se metió en el laboratorio y allí aplicó el reactivo sobre su propia orina para sorprendernos con su resultado, que había dado positivo, a la hora de la visita del día siguiente. Ya nada podía sacarnos de nuestro bochorno y ninguna otra cosa nos dejaba más descolocados que la posibilidad de esperar un posible suicidio del colega. Cada vez que él tenía la posibilidad de salir a la calle –algo que apenas hubiésemos podido prohibirle– para dirigirse como es habitual a una pequeña cafetería cercana, temblábamos porque nos parecía comprensible que allí mismo se hubiese envenenado en el baño. Pero ¿qué es lo que ocurrió realmente? Que, cuanto más visiblemente progresaba la enfermedad, tanto más empezó el enfermo a dudar de su diagnóstico; cuando comenzó a tener metástasis tumorosas en el hígado, incluso llegó a diagnosticarse enfermedades hepáticas inocuas. Mas ¿qué había pasado? Que cuanto más se acercaba el final de su vida, tanto más se rebelaba la voluntad de vivir de este hombre y tanto menos quería ser consciente de su cercano final. Así las cosas, desde el punto de vista de una exigencia moral, cada uno puede pensar como le plazca; de hecho y como tal, resulta también moralmente indiscutible que incluso aquí empezaba a despertarse una voluntad de vivir, y este hecho debe hacernos recordar rotundamente y de una vez por todas, con validez también para todos esos otros casos análogos, ¡que nosotros no tenemos ningún derecho a negar su voluntad de vivir ni a uno solo de estos enfermos!

Y esto adquiere una importancia tan grande que he tenido que luchar como médico por estas tesis ante hechos consumados, por ejemplo, allá donde un ser humano demostró con su acción que ya no tenía ninguna voluntad de vivir. Estoy refiriéndome a los suicidas. Y yo defiendo el punto de vista de que, incluso en el caso de un intento de suicidio, el médico no solamente tiene el derecho, sino incluso el deber, de intervenir, y eso significa el deber de salvarle y de ayudarle en tanto en cuanto y en la medida en que pueda hacerlo. Antiguamente, semejante cuestión no carecía de actualidad. En efecto, hace años tuve incluso que esforzarme en elaborar un procedimiento para lograr salvar también a los enfermos en los peores envenenamientos por narcóticos en los cuales fallaban todos los tratamientos hasta entonces usuales. Con esa ocasión se oyeron ruidosas protestas entre colegas para reprocharme que yo no tenía derecho a devolver a la vida, a regresar a la vida, a seres humanos cuya decisión de suicidarse resultaba tan comprensible humanamente (se trataba de toda una epidemia de suicidios ante determinadas circunstancias que amenazaban extremadamente a un grupo entero de seres humanos). Lo que yo estaba haciendo, se me decía, era jugar con el destino. Pero yo me aferraba a mi punto de vista sin abandonar siquiera una vez mi axioma, cuando mi propia médica ayudante, que por cierto siempre había criticado mi axioma, fue ella misma llevada al hospital tras un intento de suicidio: también en este caso me mantuve firme en mis principios y también en ese su caso le apliqué mi técnica, ciertamente con éxito, pero sin agradecimiento por su parte. Sin embargo, lo que yo reprochaba a los críticos morales de mi método (incluso una crítica médica habría sido refutada por los hechos) era lo siguiente: yo no quiero jugar con el destino, sino que es precisamente el médico mismo el que intenta jugar con el destino cuando entrega a su destino a un suicida, el que «da curso libre» al destino y se mete las manos en el bolsillo allá donde tal vez hubiese podido ponerse a trabajar. Pues, si le hubiese complacido al «destino» o a una providencia dejar perecer realmente al correspondiente suicida, entonces este destino o esta providencia también hubieran encontrado el camino para no dejar al moribundo oportunamente en las manos de un médico. Pero una vez que le ha tocado en suerte ser puesto en las manos de un médico, entonces este médico debe actuar también como tal médico en lugar de recibir a ese destino con un cruzarse de brazos ante el «indulgente» destino.

Por lo dicho, espero haberles rebatido a lo largo de este recorrido todos los supuestos argumentos que podrían hablar en favor de cualquier eutanasia, y mostrado cuán incondicionado es el sentido de la existencia y cuán firme por tanto también podría ser nuestra fe en el sentido de la vida. Si en la primera parte de nuestro recorrido la vida se nos había mostrado como totalmente plena y provista de sentido, más tarde se nos mostró que también el sufrimiento está incluido en ese sentido, y luego se nos puso también de relieve que, incluso en lo que se refiere a la enfermedad, incluso en el caso de la enfermedad incurable, nadie tiene derecho a quitar de en medio a una persona viva por considerarla «vida indigna de valor». De este modo hemos arado a fondo un poco en varias direcciones el ámbito de la pregunta por el sentido de la vida. Si recapitulásemos ahora a grandes rasgos el resultado de lo que básicamente hemos venido diciendo, tendríamos que recordar ante todo la indeclinable tesis básica de que nuestro entero vivir significa ser preguntado y que no puede preguntarse por el destino de otra manera que asegurando que este sentido consiste siempre en *dar respuesta*. Pero las *respuestas*, decíamos, con que deberíamos responder a la vida en sus preguntas concretas ya no pueden consistir en meras *palabras*, sino únicamente en un hacer, ¡más aún que eso, precisamente en nuestro vivir mismo, en la totalidad de nuestro ser! Las preguntas «del» vivir únicamente pueden responderse, decíamos, en la medida en que nosotros damos respuesta *responsablemente* a «nuestro irrepetible» vivir.[28]

Ahora bien, como conclusión tampoco deberíamos olvidar que a la originaria pregunta por el sentido de la vida puede imprimírsele también un giro en otra dirección y que igualmente podría ser denominado de otra forma en la medida en que se pone en relación con el mundo en su totalidad, por ejemplo y de un modo especial en relación con aquello que nos ocurre, con lo que sale a nuestro encuentro sin culpa e inevitablemente, es decir, con respecto al destino. Desde luego al destino nosotros no podemos dirigirlo. Llamamos destino precisamente a aquello sobre lo que no tenemos ninguna influencia en absoluto, a aquello a lo que se retira esencialmente el poder de nuestra voluntad. En efecto, hemos visto que el sentido de nuestra vida no pertenece en lo más mínimo a la forma en que nos situamos, a la forma en que nos relacionamos con él allá donde nada podríamos hacer, o donde resulta de antemano inalterable; a pesar de ello, debemos seguir preguntándonos si podría pensarse que incluso este destino puro e idéntico consigo mismo, este entero acontecer del mundo, tuviera allá afuera un sentido allende sí mismo.

Así pues, entiendo que aquí se nos plantean dos grandes posibilidades de pensar, cada una de ellas irrefutable y cada una de ellas indemostrable. En última instancia podría perfectamente afirmarse que al fin y al cabo todo careciera de sentido, del mismo modo que también podría afirmarse que todo estaría no solamente lleno de sentido en su totalidad, sino hasta tal punto lleno de sentido que no podríamos captar este sentido de la totalidad, este sentido universal, razón por la cual aquí solamente podríamos hablar de un «suprasentido del mundo». Así pues, con el mismo derecho podría hablarse tanto del sentido –del sentido lógico– de la vida o de su sinsentido. De hecho, la decisión ante la que estamos aquí situados ya no es en sí misma lógica.

Desde el punto de vista lógico, lo mismo podríamos pronunciarnos en favor de lo uno que de lo otro, ambas son posibilidades del pensamiento, puras posibilidades del pensar. La decisión de la que aquí se está tratando, considerada lógicamente, es una decisión carente de fundamento, tiene como fundamento la negatividad absoluta; en esta decisión oscilamos sobre el abismo de la nada: ¡en esta decisión nos encontramos al mismo tiempo bajo el horizonte del suprasentido! Ya no a partir de una ley lógica, sólo tan sólo a partir de la profundidad de su propio ser puede el ser humano encontrar esta decisión, puede decidirse él mismo por lo uno o por lo otro. Una cosa sí sabemos, sin embargo: si el ser humano se decide por la fe en un último sentido, en el suprasentido del ser, entonces esa fe se expandirá creativamente, como le es propio a la fe. Pues la fe no es simplemente fe en «su» verdad, es más, mucho más: ¡ella convierte en verdadero aquello en lo que se cree! Por eso podemos decir: comprender una posibilidad de pensamiento es más que el simple comprender una posibilidad de pensamiento, es la posibilidad de realizar un simple pensamiento.

Experimentum crucis

III

En Baviera existe una pequeña ciudad llamada Landsberg situada aproximadamente a unos cincuenta kilómetros del oeste de Múnich. Hacia el sur, una calle de cinco kilómetros lleva a la aldea de Kaufering. Una mañana al comienzo del año pasado remolcaron hasta allí al rayar el alba a 280 hombres. La columna estaba formada en cinco filas e iba escoltada por hombres de las SS: se trataba de un grupo de prisioneros del campo de concentración sito en Kaufering. Desde allí marcharon a una hacia un bosque de las cercanías en el cual había que construir una fábrica de enormes dimensiones destinada a ser almacén camuflado de armamentos. Eran gentes harapientas, figuras venidas a menos las que desfilaron por aquella calle. «Desfilaron» es una falsa expresión: ellas cojeaban, se arrastraban, enganchadas como podían unas sobre otras, sosteniéndose entre sí; las piernas, inflamadas, tirantes por su caminar hambriento, apenas podían soportar la carga de sus propios cuerpos de aproximadamente cuarenta kilos por término medio; los pies dolían, pues se encontraban heridos, llenos de supurantes heridas derivadas de la presión de sus botas y de sus sabañones abiertos por las heladas. ¿Y qué había en los cerebros de estos hombres? Ellos pensaban en la comida que se les suministraba una vez por la tarde después de regresar al campo de concentración tras haber pasado el día en su lugar de trabajo y se preguntaban si aquella tarde tendrían la fortuna de pescar, además del agua de su sopa, un trozo de patata sobrenadando en ella. Y también pensaban en qué grupo de trabajo serían distribuidos en el cuarto de hora siguiente, si al día siguiente caerían en uno de los grupos bajo el mando de un vigilante terrible, o en uno relativamente aceptable. Y en torno a eso giraban los pensamientos de estos hombres, en lo relativo a las preocupaciones cotidianas de un prisionero del campo de concentración.

Pero semejantes pensamientos a uno de esos hombres se le hacían demasiado estúpidos, así que intentó elevarse hacia otro tipo de pensamientos, hacia preocupaciones «más dignas de los seres humanos». Sin embargo, no terminaba de lograrlo del todo. Entonces echó mano de un truco: se esforzó por tomar distancia respecto a una vida tan horrible, por situarse por encima de ella con una expectativa más elevada y con una reflexión teórica para el futuro. ¿Y qué hizo aquel preso entonces? Se imaginó situado en el estrado de una sala de una universidad popular de Viena dictando una conferencia sobre aquello que precisamente estaba viviendo en esos momentos, así que, al menos en su espíritu, dictó esa conferencia bajo el título de *Psicología del campo de concentración*.[29]

Si ustedes hubiesen mirado más de cerca en aquel grupo a los ojos de aquel hombre del que les estoy hablando, hubieran observado que llevaba cosido en su chaqueta y en su pantalón un pequeño trozo de tela sobre el que se podía leer: 119.104. Y si luego hubieran ustedes ojeado en los libros del campo de concentración, habrían encontrado que bajo ese número estaba escrito el nombre del correspondiente preso: Frankl, Viktor.

Así que ahora me gustaría pronunciar para ustedes en esta sala de esta universidad popular de Viena aquella conferencia que aquel hombre había defendido anteriormente virtualmente, al menos en su propio espíritu: ¡y ahora realmente y por vez primera voy a repetírsela! La conferencia de entonces comenzaba con las siguientes palabras:

En la psicología del campo de concentración podemos distinguir varias fases en lo referente a la reacción anímica del prisionero. La primera tiene lugar a la entrega del preso al campo. Es ésta aquella fase a la cual llaman «shock de ingreso», y que podríamos describir del modo siguiente, imagínense la escena: se trata de un prisionero del campo de concentración, pongamos por caso, del de Auschwitz. Si le tocaba en desgracia (por ejemplo, en mi transporte le tocó a una mayoría aproximadamente de un 95%), continuaba su camino directamente desde la estación de ferrocarril hasta una de las cámaras de gas; si por casualidad se encontraba entre la minoría agraciada del 5%, como fue mi caso, proseguía el camino, en primer lugar, al baño de desinfección, y en este caso a una ducha... verdadera. Antes de que pudiese poner un pie en la auténtica sala de baño se le despojaba de todo cuanto traía consigo, sólo podía quedarse con los tirantes de los pantalones o con un cinturón, en los casos correspondientes con las gafas o con un braguero para los herniados. Ni un solo cabello quedaba en su cuerpo, que era totalmente decalvado. Cuando finalmente se encontraba ya bajo la ducha, no le quedaba absolutamente nada de toda su vida anterior, fuera de su existencia «desnuda» en su sentido literal. Y ahora llega lo que propiamente constituye la entrada en la primera fase de la vivencia del campo de concentración: el prisionero tacha todo aquello que había constituido su vida anterior.

Así las cosas, a nadie le asombrará que su siguiente pensamiento versara sobre la mejor forma de poder suicidarse. De hecho, todo el mundo coqueteaba con ello, aunque sólo fuera por un instante, con la idea eventual de «ir a la alambrada», que es el método común en el campo de concentración y consiste en tocar las alambradas de púas cargadas con alta tensión eléctrica. Sin embargo, esta posibilidad se abandonaba precisamente por carecer bastante de sentido si se tiene en cuenta que un intento de suicidio está de más en esta situación en la cual la probabilidad de no «ir al gas» por término medio más tarde o más temprano resulta extremadamente pequeña. ¿Quién iba a necesitar arrojarse a las alambradas electrificadas si más tarde o más temprano sería llevado a la cámara de gas? Además, ya no es preciso desear la «alambrada» cuando se tiene que temer al «gas»; pero el «gas» no tiene por qué temerse cuando ya se ha deseado la «alambrada»…

Al relatar estas cosas suelo referir siempre la siguiente vivencia: en la primera mañana que pasamos en Auschwitz, un colega que había llegado allí una semana antes que nosotros se las arregló para acercarse a nuestro grupo de presos recién llegados, a los cuales se nos había concentrado en un barracón especial. Quería consolarnos y transmitirnos aliento. De entrada nos hizo comprender que teníamos que cuidar de nuestra apariencia y dar a cualquier precio la buena impresión de que nos encontrábamos en condiciones de poder trabajar; que, en una circunstancia inocua, por ejemplo cuando a uno le doliesen los pies por culpa del pésimo calzado, no cojeara, pues un hombre de las SS que viera a alguien cojeando estaría dispuesto sin más a avisar a alguien para enviarlo inmediatamente a la cámara de gas; solamente los aptos para el trabajo eran considerados dignos de seguir viviendo, todos los demás eran tenidos aquí por vidas sin valor, sin valor suficiente como para sobrevivir. En este sentido nuestro colega nos animaba a afeitarnos diariamente a fin de que, tras el raspado de la piel del rostro con cualquier instrumento improvisado que sirviera para ello, por ejemplo, con un pedazo de vidrio roto, pareciésemos más «percherones», más frescos, más sanos. Y cuando, finalmente, hubo aleccionado a nuestro grupo para que diésemos siempre la imprescindible impresión de salud y de capacidad de trabajo, concluyó tranquilizadoramente: «Tal y como estáis cada uno de vosotros ante mí, no necesitáis tener ningún miedo en principio, quizás a excepción de uno de vosotros que está ahí, quizás a excepción de ti, Frankl. No te enfadarás conmigo, ¿eh?, si te digo que tú eres el único que –y lo decía según su propia opinión– puede considerar que momentáneamente corre peligro ante la eventualidad de una selección» («selección» era el nombre usual en el campo de concentración para designar la saca de los destinados a ir al gas en la próxima hornada). Desde luego que no me enfadé con él en absoluto, pues lo que a lo sumo sentí en ese momento fue la forma autosuficiente de decirlo, lo cual hubiera bastado con bastante probabilidad para haberme ahorrado un posible intento de suicidio.

Pues bien, la indiferencia respecto al propio destino se acrecienta cada vez más. Cada vez en mayor medida, en unos pocos días, el prisionero del campo va embotándose más y más como tal preso. Cada vez le molestan menos las cosas que ocurren en su entorno.

Durante los primeros días, lo que para los de fuera del campo hubiera constituido una inimaginable rémora de monstruosidades en todos los sentidos es respondido todavía por el preso con sentimientos como espanto, rebeldía y asco, pero tales sentimientos terminan por venirse abajo y la totalidad de la vida anímica queda reducida a un mínimo. Cualquier reflexión y estimación se limita entonces tan sólo a sobrevivir el día de hoy. Exclusivamente a ese único interés queda por así decirlo amortiguada la vida anímica. Respecto de todo lo demás, el alma se encierra en el estrecho campo de visión de la mirilla de una coraza obligada a blindarse ante las impresiones que la sacuden y remueven. Es así como el alma se protege y es así como intenta salvarse de la violencia del poder superior de cuanto la arrastra a fin de asegurar y salvaguardar su equilibrio sumergiéndose en la indiferencia. De este modo el prisionero del campo de concentración da abiertamente el paso hacia la segunda fase de su reacción anímica, hacia esa fase que podría ser caracterizada como la «fase de la apatía».

Ahora bien, cuando el único y exclusivo interés es el que se refiere al mantenimiento de sí mismo, a la conservación de la propia vida y la de unos pocos amigos, se viene abajo el nivel interior del ser humano, que queda apenas por encima del de un animal. Y, cuando a su vez esto se examina más detalladamente, entonces puede afirmarse que se sitúa al nivel de un animal rebañego. Para poder juzgarlo habría que haber observado el comportamiento de los prisioneros del campo cuando, al formarse, trataban de introducirse en alguna de las fila de en medio a fin de no quedar tan expuestos al muy probable puntapié de las botas de los capos vigilantes; por lo general, el esfuerzo de cada uno se orientaba sobre todo a no exponerse a llamar la atención de ninguna manera, emboscándose para ello en la masa. A nadie puede extrañar que tamaño desvanecerse en la masa lleve a un desfondarse, a un hundirse de lo personal de cada uno. El ser humano en el campo de concentración corría el riesgo de convertirse en un elemento masificado. Por término medio también se convertía en un elemento tan primitivo como un mero elemento de la masa. Su entera actitud instintiva devenía una actitud primitiva, tan primitiva como instintiva. De este modo puede entenderse que aquellos colegas psicoanalistas que convivían conmigo en el campo de concentración hablaran conforme a su jerga de una «regresión»: regresión es el caminar hacia atrás del alma hacia estadios más primitivos de su instintivismo.

De hecho, ya en los típicos sueños de los prisioneros podía verse cuán primitivos deseos albergaban dentro de sí. Pues ¿con qué se sueña por lo general en un campo de concentración? Una y otra vez con lo mismo: con pan, con cigarros, con un buen café turco y, no en último lugar, con un baño bien caliente (y, en lo que a mí se refiere, yo personalmente una y otra vez con una clase de torta muy especial). En consecuencia, de alguna manera resultaba humillante, y no sólo estremecedor, el despertar a la desconsoladora realidad; humillante en la medida en que se habría debido decir de ella lo siguiente: tan lejos has llegado, tan profundamente hundido te encuentras que ya no eres capaz siquiera de soñar de otra manera que no sea al modo de los denominados sueños desiderativos.

Y, sin embargo, la jerga de los colegas exclusivamente orientados al psicoanálisis resultaba ser fundamentalmente falsa. Pues no es verdad que la vivencia de los seres humanos allí concentrados tuviese que arrastrarles con fatídica necesidad a la regresión y, por lo tanto, a dar un paso atrás. Conozco muchos casos de seres humanos –y aunque tan sólo se trate de actuaciones individuales, con la suficiente fuerza demostrativa– que de nada en absoluto se encontraban interiormente más lejos que de haberse hundido en la regresión, en la marcha hacia atrás, personas en las cuales –por el contrario– interiormente se daba más bien un progresar, un crecer interior que les llevaba más allá de sí mismos, que les elevaba hacia la verdadera magnitud humana, y ello precisamente en el campo de concentración, precisamente gracias a la vivencia del campo de concentración.

Junto a eso, otros especialistas no psicoanalistas han visto de una manera diferente lo que ocurría con los seres humanos en el campo de concentración. El conocido caracterólogo profesor Utitz, que además pasó varios años en un campo, creyó observar que el carácter del allí recluido iba deslizándose por lo general hacia ese tipo anímico al que con Kretschmer se caracteriza como esquizoide. Es bien sabido que, según Kretschmer, la persona afectada por ese carácter oscila sobre todo entre el campo afectivo de la apatía por una parte y el de la excitabilidad por otra, mientras que el otro tipo más importante, caracterizado como temperamento «cicloide», tan pronto eleva sus gritos de júbilo hasta el cielo como se «entristece hasta la muerte», por lo cual se bambolea en el sentido de excitación felicitaria o de triste desazón. No es éste el lugar para entrar en una discusión profesional sobre semejante interpretación psicopatológica, tan sólo quiero limitarme a lo básicamente importante, es decir, a la tesis que con idéntico «material» de observación podría formularse en contra de Utitz, a saber: que el ser humano en el campo de concentración no se encuentra en modo alguno avocado por la presión que soporta hacia la conducta del «típico preso del campo» con su (imaginaria) esquizoidia, sino que por el contrario continúa conservando una libertad, la libertad humana para ejercer su destino, para configurar su entorno de esta manera o de la otra ¡y desde luego en el campo también seguía existiendo un posible actuar «de esta manera o de la otra»! ¡Y hubo también seres humanos en el campo que, desde luego, superaron ejemplarmente su apatía y que también pudieron frenar su excitabilidad y que, no en último lugar, para patentizar ese poder suyo tuvieron que mostrar ese su *poder-ser-también-de-otro-modo*, y no tan sólo el supuesto *tener-que-ser-así*! La fuerza interior, la auténtica libertad humana no se le podía arrebatar al prisionero, aun cuando se le pudiera quitar absolutamente todo lo demás, como de hecho también ocurrió; pero esa fuerza interior, esa auténtica libertad humana seguía poseyéndolo incluso cuando le rompían las gafas –que hubieran podido permitirle seguir usando– aplastándoselas con un puñetazo en su rostro, e incluso cuando un día se vio forzado a intercambiar su cinturón por un pedazo de pan, de tal modo que finalmente ya no le quedó absolutamente nada de sus anteriores pertenencias: ¡a pesar de todo, esa libertad permaneció en él, y permaneció en él hasta su último aliento!

Aunque el ser humano sucumbió en el campo de concentración a la legalidad imperante, con aquella pretendida omnipotencia que amenazaba con troquelar el carácter del preso en el sentido del «típico preso del campo», pese a todo ello mantuvo también allí la libertad para resistir al influjo del entorno y para no sucumbir, antes al contrario para resistirse a aquella «legalidad», para contrariar a aquellas leyes en lugar de permanecer ciego y obediente a ellas. Con otras palabras: este ser humano continuaba manteniendo todavía aquella libertad, pero se había entregado, había abdicado, digámoslo así, de su uso, ¡había renunciado a él voluntariamente! Al hacerlo así, había renunciado a ser él mismo, a su propia identidad, a lo más identitario suyo.

Llegados aquí tenemos que preguntarnos: ¿cuándo se metió esa abdicación en la gente, cuándo se abandonó anímicamente el ser humano? Y nuestra respuesta no puede ser otra que la siguiente: ¡cuando hubo perdido su gallardía espiritual, tan pronto como hubo perdido su entereza en el terreno espiritual! Esta entereza hubiera podido mantenerla de dos maneras: o como una entereza en orden al futuro inmediato o como una entereza en orden a la eternidad. Este último fue el caso de todos los seres humanos verdaderamente religiosos, los cuales ni siquiera necesitaban la entereza en orden a la futura libración, es decir, a la vida futura que transcurriría allá fuera en el mundo ya liberado; aquellas personas verdaderamente religiosas podían permanecer erguidas independientemente de que creyeran en la existencia de una buena estrella que les permitiera vivir ese futuro venidero tras haber sobrevivido al campo de concentración. Los otros, sin embargo, se veían obligados a basar su entereza respecto al futuro terrenal de su vida en el contenido de su futuro existencial. Pero se les hacía difícil pensar en el futuro, su pensamiento al respecto no encontraba ningún anclaje, ningún punto final: no les resultaba visible ningún final, *el final*. A nosotros, los presos del campo, nos habría parecido excelente que nos hubiera ocurrido lo mismo que a cualquier delincuente; nos hubiera parecido envidiable, por ejemplo, que un ladrón supiese exactamente que habría de cumplir con precisión sus diez años de condena, pues en ese caso hubiera podido ir contando los días que aún le faltaban hasta la fecha de su liberación de la cárcel, ¡feliz hombre! Pero en el campo de concentración ninguno de nosotros tenía o conocía ninguna «fecha final», e incluso nadie entre nosotros sabía si llegaría el final. ¡Esto quizá representaba, según la unánime opinión de los camaradas, uno de los hechos espiritualmente más deletéreos de la vida del campo! Los siempre emergentes rumores relativos a una posible liberación cercana tenían por objetivo acrecentar el sufrimiento de la espera. Y, dado que una vez tras otra había que desplazar hacia delante la fecha de la liberación, ¿quién hubiese podido creer todavía en semejantes noticias? A lo largo de tres años enteros siempre oí lo mismo: «Dentro de seis semanas termina la guerra, como mucho dentro de seis semanas vamos a lograrlo». La decepción resultaba de este modo cada vez más amarga y cada vez más profunda, la espera siempre más dudosa. No en vano en la Biblia se dice: «El corazón siempre desengañado enferma».[30]

A decir verdad, uno llega a enfermar, a enfermar tanto que, finalmente, puede terminar dejando de luchar. Esto lo entenderán mejor ustedes si les traigo a colación el siguiente caso: a comienzos de marzo del año pasado me encontré con mi antiguo jefe de barracón, un compositor de tangos y libretista de ópera de Budapest, que me comunicó que había tenido un sueño maravilloso: «A mitad de febrero me habló una voz y me dijo que, si tenía algo que preguntarle, lo que yo quisiera, ella podría respondérmelo, puesto que podía profetizar para mí el futuro. Y entonces le pregunté: ¿cuándo terminará la guerra para mí?, tú me entiendes, Frankl, o sea, ¿cuándo vamos a ser liberados por las tropas norteamericanas que se nos están acercando?». «¿Y qué te respondió la voz?» Entonces se inclinó hacia mí y en voz baja, con todo sigilo, me susurró al oído: «El treinta de marzo». A mediados de marzo, afectado yo mismo por tifus exantemático, ingresé en la enfermería del campo. El 1 de abril fui dado de alta y regresé a mi barracón de tierra. ¿Dónde está el jefe de barracón?, pregunté. ¿Y cuál fue la respuesta? A finales de marzo, estando ya cada vez más cercano el plazo profetizado por su voz sin que la situación militar pareciera darle la razón, nuestro jefe de barracón padeció un creciente y alarmante dolor de cabeza. El 29 de marzo había sufrido una fiebre sumamente elevada. El 30 de marzo, por tanto, el día en que la guerra habría tenido que terminar «para él», perdió la conciencia. El 31 de marzo estaba muerto. Había muerto de fiebre tifoidea.[31]

Ya ven ustedes que el abandonarse por desfallecimiento espiritual, especialmente por una pérdida de entereza en lo relativo al futuro, conduce también a un decaimiento corporal. Llegados aquí, queremos preguntarnos si existe contra esta caída somático-espiritual alguna clase de terapia, si pudiera emprenderse algo contra aquella caída, y en qué consistiría. A ello solamente puedo responderles a ustedes que ciertamente había una terapia, pero está claro que desde el principio tenía que limitarse a lo anímico y, desde ese punto de vista, podríamos llamarlo psicoterapia. Dentro de tal psicoterapia, evidentemente había que generar en primera línea una entereza, conferir contenido a la vida, recordemos al efecto aquella afirmación de Nietzsche: «Quien tiene un porqué para vivir es capaz de soportar casi cualquier cómo».[32] Un *porqué* es un contenido de la vida, y el *cómo* fueron aquellas circunstancias que hacían tan difícil la existencia en el campo de concentración, las cuales desde luego solamente podían soportarse teniendo un porqué y un para qué. Así pues, y dada la necesidad de esta terapia con formato de psicoterapia para sostener a los seres humanos en el campo de concentración, había de hacerse hincapié en algo muy particular, había que esforzarse —aunque sólo fuera— por mostrar al ser humano al que se le pedía que tuviese voluntad para sobrevivir, que este sobrevivir es un deber, que tiene algún sentido. Además de eso estaba también la tarea de la medicina anímica, que en el campo de concentración conllevaba con el mismo derecho una tarea de cuidado anímico médico, dificultado además porque tenía que habérselas con gentes que, en general, por término medio no podían contar en absoluto con perspectivas de supervivencia. ¿Qué hubiera debido decírseles? Pero, desde luego, algo había que decirles. Esta situación constituyó el *experimentum crucis* de aquel cuidado anímico médico del que hablamos.

Ahora bien, como ya les dije en la anterior conferencia, no sólo la vida en sí misma tiene un sentido, sino también el sufrimiento que la acompaña, y desde luego un sentido tan incondicionado que incluso puede darse allí donde el sufrimiento no lleva a ningún éxito visto desde fuera, donde por el contrario en apariencia ese sufrimiento es en vano. Y con tal sufrimiento en vano era sobre todo con el que teníamos que enfrentarnos en los campos de concentración. ¿Qué hubiera podido yo decir a esas personas que yacían junto a mí en el barracón y que sabían bastante exactamente qué y cuándo, cuán pronto tenían que morir? Ellas sabían tan bien como yo que no les esperaba ninguna vida allá fuera, ningún ser humano y ninguna obra –¡recuerden ustedes la duplicidad de la que les hablaba en la primera conferencia!–, o que cualquier esperar resultaba vano... Por lo tanto, junto al sentido de la vida, del sobrevivir, también junto al sentido del sufrimiento, del sufrimiento inútil, era necesario, y aún en mayor medida, mostrarles lo siguiente: ¡el sentido del morir! De un morir, evidentemente, que sólo hubiese seguido teniendo sentido según aquella expresión de Rilke ya mencionada atrás para significar que merecería la pena que cada uno muriese «su» muerte. ¡Vivir nuestra muerte resultaba valioso para nosotros, pero no por cierto aquella muerte que nos habían impuesto las SS! «Vivir nuestra muerte», es decir, la plenitud de sentido (aunque la plenitud de sentido significaba también para nosotros la plenitud del morir) venía a ser con toda exactitud como vivir el sentido de la vida, por lo cual se trataba de algo personal, lo más personal. En calidad de tal, nuestra muerte nos es dada como tarea, y frente a esa tarea tenemos la misma responsabilidad que respecto a la tarea de la vida. Pero ¿responsabilidad ante quién, ante qué instancia? Y además, ¿quién podría responder a esta figura en sentido responsable para el otro? ¿Acaso no ha de responder a esta última pregunta cada cual por sí mismo en última instancia? Y eso se hace visible cuando, por ejemplo, el uno se siente responsable en el barracón ante su conciencia, el otro ante Dios y el tercero ante un ser humano que ahora se encuentra lejos. Cada uno de ellos, en cualquier caso, sabía que de algún modo, en algún lugar, alguien estaba allí y que le miraba desde su condición de invisible, alguien que pedía de él que fuera «digno de su sufrimiento», como lo dijera una vez Dostoyevski, y que de él esperaba que «viviese su muerte». Esta esperanza la sentíamos entonces todos y cada uno de nosotros ante la proximidad de nuestra muerte, y la sentíamos tanto más cuanto menor era el sentimiento de que uno mismo pudiese esperar algo de la vida en general, de que alguien o algo pudiera esperar todavía algo de uno, de que siquiera su supervivencia pudiera esperarse.

Muchos entre ustedes, que no han tenido por sí mismos la experiencia de un campo de concentración, se sorprenderán y me preguntarán cómo es posible que un ser humano pueda soportar en general todo aquello de lo que les he hablado. Pero consuélense: ¡aquel que ha vivido y sobrevivido se sorprende todavía más que ustedes! En cualquier caso, no olviden una cosa: el alma humana, desde cierto punto de vista, parece comportarse como una bóveda: como una bóveda, precisamente, que, habiendo llegado a estar a punto de caer, es apuntalada aumentando la carga sobre ella. También el alma del ser humano, al menos en cierto grado y dentro de ciertos límites, parece más bien fortalecerse sobre todo cuando experimenta una «carga». Y de este modo ocurre, y sólo de este modo puede comprenderse, que tantos seres humanos débiles o frágiles en su estructura nerviosa hubieran logrado abandonar el campo de concentración, por así decirlo, con una disposición de ánimo más sólida que con la que habían entrado. Del mismo modo comprenderemos mejor ahora que, por el otro lado, la liberación, el abandono del campo de concentración, la emancipación inmediata del preso respecto de la severa presión bajo la cual había permanecido recluido durante todo el tiempo, pusiera en peligro su alma. En este contexto acostumbro a comparar esta situación con la denominada «enfermedad de Caisson», la cual se refiere a que los trabajadores que han estado sumergidos bajo el agua y sometidos a una elevada presión atmosférica nunca deben exponerse de repente a la presión normal del aire, sino solamente poco a poco, pues de lo contrario padecerían severísimas enfermedades corporales.[33]

También nos encontrábamos en una situación semejante durante la tercera y última fase dentro de la psicología del campo de concentración, que es la psicología del cautivo liberado. Respecto de ella, lo más importante que yo tendría que decir se refiere a algo que desde luego a la mayoría de ustedes les sorprenderá; me refiero a que tienen que pasar muchos días hasta que el liberado se encuentre en condiciones de alegrarse de su liberación. Literalmente hablando, de hecho, debe reaprender a alegrarse. Más aún, en ocasiones constituye un deber apresurarse a hacerlo, si tenemos en cuenta que también hay que aprender a desaprender, y de nuevo, a su vez, a tener que aprender a sufrir. Quisiera al menos manifestarles a ustedes siquiera algunas palabras al respecto.

Imagínense que el liberado del campo de concentración regresa, que vuelve de nuevo a su antiguo ambiente. En este contexto puede que ahora se encuentre con gente que aquí y allí le recibe con un encogimiento de hombros. Y que, sobre todo, se tope con gentes que una y otra vez le despachan con dos frases, las cuales se reducen a lo siguiente: «No sabíamos absolutamente nada», y «También nosotros hemos sufrido».³⁴ Si ante la expresión «también nosotros hemos sufrido» nos preguntamos si el sufrimiento de uno puede medirse, pesarse y compararse con el sufrimiento de otro, ¡por mi parte tengo que decir que el sufrimiento del ser humano resulta inconmensurable! El verdadero sufrimiento devasta al ser humano total y absolutamente, se apodera de él por completo. Una vez hablé con un amigo sobre mis vivencias en el campo de concentración; él no había estado en ningún campo, había sido un «simple combatiente en Stalingrado». Y el hombre, tal y como me lo manifestó, de alguna manera se sentía ante mí avergonzado. Pero injustamente. Pues, ciertamente, existe una diferencia esencial entre aquello que el ser humano vivencia en el campo de batalla y aquello otro que el ser humano experimenta en un campo de concentración: en el campo de batalla se enfrenta a la nada, aunque ve a la cara a la muerte amenazadora; sin embargo, en el campo éramos nosotros la nada misma, ya éramos muertos en vida. Nosotros no valíamos absolutamente nada, no solamente veíamos la nada, nosotros mismos éramos la nada. Nuestra vida no valía nada en absoluto, como tampoco valía nada en absoluto nuestra muerte. Allí no había ninguna aureola, tampoco existía nada artificioso en torno a nuestra muerte: aquello constituía el desaparecer de una pequeña nada en la gran nada. ¡Y además esta muerte apenas se notaba, ya la habíamos «vivenciado» antes hacía mucho tiempo! Pues, en efecto, ¿qué hubiera ocurrido si yo hubiese muerto en el campo de concentración? Que a la mañana siguiente, ya situada la gente en el lugar de llamada para ir al trabajo, alguien formado en alguna de las cinco filas y sin poder moverse corporalmente como era habitual (con la cabeza oculta dentro del cuello de la chaqueta para evitar la helada y con los hombros encogidos) susurrase al hombre que tenía al lado: «Ayer murió Frankl». Como mucho, este hombre de al lado habría respondido: «Hummm».

Y, sin embargo, ningún sufrimiento humano se deja comparar con ningún otro, pues a la esencia del sufrimiento le corresponde precisamente el estar ante el sufrimiento de un ser humano y que la «magnitud» de su sufrimiento sólo puede medirla el sufriente, es decir, el ser humano, y que tan único e irrepetible como cada ser humano en particular es también el propio sufrimiento en cuanto atinente a cada ser humano único.

Por lo tanto, carecería de sentido ya de entrada hablar de grandes diferencias en el orden del sufrimiento; sin embargo, existe una diferencia fáctica y esencial entre el sufrimiento con sentido y el sufrimiento sin sentido. Ahora bien –y pienso que ustedes lo han inferido suficientemente después de las conferencias que hemos tenido– esa diferencia radica por completo en el ser humano mismo: del ser humano y sólo de él depende si tiene o no sentido su sufrimiento. Pero ¿qué pasa con el sufrimiento de aquellos seres humanos que, como acaban de oírme ustedes, afirman solemnemente que ellos «también han sufrido» y que «no han sabido absolutamente nada»? Miren ustedes: precisamente esta solemne afirmación de que ellos no supieron nada en absoluto es la más adecuada, según mi opinión, para convertir en algo sin sentido ese su «haber sufrido». Pero ¿por qué? Porque es el que corresponde a una ética de la situación mal entendida. En cualquier caso, se trata de un sufrimiento al que tengo que referirme, y no porque me interese entrar ahora en debate con la política del día, sino porque lo tengo por necesario para completar la «metafísica de la cotidianidad» de la que hemos venido ocupándonos hasta ahora.

Hablábamos antes del porqué del «no saber», y respondíamos: se trata de un entender mal. Pero si ahora preguntamos el porqué precisamente de ese entender mal, entonces tal vez descubramos que en semejante no-saber se oculta un no-querer-saber. ¡Y lo que a su vez subyace bajo semejante actitud es la huida de la responsabilidad! Ciertamente, el ser humano de hoy y de ahora se ve impelido a la huida de la responsabilidad. Sin embargo, lo que le arrastra a esa huida es el miedo a tener que asumir una culpa colectiva. Por supuesto, la gente habla por doquier de forma culpabilizadora, incluso como haciéndose responsable de cosas que no ha hecho en absoluto, y hasta de las que en algunos casos realmente «nada supo». ¡Como si el inocente hubiese podido haber sido arrastrado realmente por la responsabilidad de lo que otros cometieron, por el mero hecho de tratarse de gentes pertenecientes a la misma nación! Pues ¿acaso no era también y sobre todo ese inocente víctima él mismo, la víctima de los crímenes, el objeto de un terror que estaba siendo perpetrado por un sector dominante que dirigía a su pueblo sin que dicha gente hubiese podido sublevarse insurreccionalmente contra dicho terror? ¿Acaso no tuvo que sufrirlo realmente esa gente? ¿Acaso no habría significado precisamente el establecimiento de una culpa colectiva un retroceso hacia aquella cosmovisión que sin embargo quería combatirse, precisamente hacia aquella cosmovisión que a cada ser humano concreto le declara culpable de haber perpetrado fáctica o supuestamente algún delito porque lo hicieron otros del mismo grupo al que él por casualidad había pertenecido? ¡Y cuán ridículo nos parece a nosotros hoy a estas alturas semejante punto de vista! Hacer responsable a alguien por su nacionalidad, o por su lengua materna, o por su lugar de nacimiento, a nosotros nos puede parecer hoy tan ridículo como hacerle responsable de la magnitud de su corporalidad. Cuando se encarcela a un delincuente por medir 1,64 de altura, ¿tengo que dejarme colgar con él porque, pongamos por caso, yo mismo tenga la misma altura que él? ¿Acaso no comenzó a darse ya con los antiguos filósofos, y propiamente hablando a partir del cristianismo, la reflexión moral occidental, la convicción de que solamente podemos hablar de culpa allí donde el ser humano tiene responsabilidad, y de que solamente podemos dejar de hablar de culpa allí donde el ser humano ya no posee ninguna libertad de elección, allí donde no ha podido «elegir» algo, como el lugar de su origen o la magnitud de su cuerpo?

Ahora bien, llegados aquí debemos establecer una diferencia importante: debemos distinguir entre culpa colectiva y responsabilidad colectiva. Con un ejemplo alegórico van a comprenderlo perfectamente. Supongan ustedes que yo enfermo repentinamente de apendicitis. ¿Tengo yo la culpa de eso? Desde luego que no y, sin embargo, si soy operado, ¿qué pasa? Pues que, pese a todo, al médico que me ha operado tengo que pagarle los correspondientes honorarios de la operación. Eso significa que soy responsable de la liquidación de la cuenta de ese médico. De ahí se desprende la existencia de una «responsabilidad sin culpabilidad». Y del mismo modo ocurre con el grupo de aquellos otros seres humanos que son liberados colectivamente de un terror. Ellos no podían liberarse a sí mismos, otros colectivos, otros, las naciones que aman la libertad, tuvieron que actuar, se vieron obligados a entrar en lucha, a sacrificar a los mejores de los suyos, a su juventud, para liberar de su dirección a una nación impotente contra sus propios dirigentes. Esta impotencia no fue culpa suya, pues ¿acaso no hubiera sido injusto e inequitativo tener que pagar con tal o cual sacrificio y sentirse corresponsables aun no sintiéndose coculpables, e incluso aunque se supieran no culpables?

De ningún modo sostenemos aquí la existencia de una culpa colectiva. Y mucho menos aún pretendemos defender con esto el punto de vista de aquellos que quieren escapar a su adhesión colectiva ¡e incluso a su propia culpa individual! Estos últimos quieren pero no pueden desmarcarse de ella, precisamente por aquello de que «quien se disculpa se inculpa», y además porque «quien inculpa a otros se inculpa a sí mismo». Quien así procede intenta cargar con la culpa y con la responsabilidad de su propia adhesión de sí mismo a los otros y al colectivo al que pertenece. Precisamente aquí, en Austria, estamos viviéndolo una y otra vez: no se acusa a los culpables de las propias filas, y por supuesto tampoco a uno mismo, sino que se acusa a «los alemanes» en general según la divisa *¡Haltet den Pfieke!*[35] Y de este modo actúan así sin darse cuenta de que con semejante argumentación solamente están validando aquello que deberían refutar, a saber: que se sigue permaneciendo como antes bajo el mismo horizonte de aquella cosmovisión que no juzga o condena a cada ser humano de acuerdo con su culpa individual, sino que el juicio recae sobre toda una nación de forma global. Sin embargo, a cualquier ser humano que piense correctamente le resulta claro que un alemán decente no es menos valioso moralmente en absoluto, ni siquiera mínimamente, que un austriaco decente; y, a la inversa, que el ciudadano alemán de algún modo culpable no es en absoluto, ni siquiera mínimamente, menos culpable que el austriaco. Por el mero hecho de que alguien pertenezca a una nación determinada no puede seguir siendo proscrito, y por lo mismo tampoco sus actuaciones criminales pueden ser condenadas más severamente o menos severamente tan sólo por pertenecer a esta nación o a aquella otra.

Cuán necesario resulta, pues no desatender las más simples leyes de la lógica en el marco de estos problemas de una ética de la cotidianidad se evidencia en el siguiente caso, por lo demás no raramente presente hoy aquí y ahora: que llegan seres humanos alegando solemnemente que nunca han tributado obediencia alguna a la cosmovisión nazi incriminada, y que la prueba de ello era ¡que en su propio árbol genealógico habían descubierto a una abuela «no aria»! Si semejantes gentes pensaran al menos con un poco de lógica, habrían debido darse cuenta inmediatamente que de ese modo también volvían a defender aquello que querían refutar, a saber, su regreso a aquella *ideo-logía* a la que aseguraban no haber tributado acatamiento nunca. ¡Y esto, a la vez, en doble dirección! En efecto, en primer lugar, por cuanto que el mencionado argumento pertenece a la misma cosmovisión de la que ellos dicen abjurar, y que sin embargo defendió siempre que la conciencia del ser humano era una ideología dependiente de su sentido biológico, por ejemplo, de cosas como «sangre y tierra».[36] Desde esta perspectiva, la personalidad humana se convirtió en un simple producto mítico de las mentalidades sumamente racistas que supuestamente lo demuestran basándose en dicha perspectiva. Este punto de vista naturalista, que corresponde a una mezcolanza de biologismo y de colectivismo, intenta dejar fuera de juego la libertad del ser humano. Sin embargo, como lo hemos oído en otros contextos, esa libertad resulta algo esencial para el ser humano, pues solamente ella pone de manifiesto su auténtica realidad; solamente ella le convierte en un ser capaz de plantar cara a las aparentemente todopoderosas y a veces irresistibles fuerzas que llegan a amenazarle su destino biológico, sociológico y psicológico. En nuestra conferencia de hoy, al hablar de la psicología de los campos de concentración, nos hemos referido no en último lugar a este poder ser, a este «poder ser también de otro modo» del ser humano. Lo que quiso expresar la cosmovisión mitológica nazi respecto del ser humano hubo de hacerlo mediante una caricatura, y no de una imagen del hombre. Ahora bien, ¿acaso no permanecemos del todo en el terreno de una caricatura semejante cuando alguien quiere hacernos creer, por ejemplo, que no habría pensado esto o lo otro por haber tenido genealógicamente una abuela como la citada?

La segunda consideración en referencia a la abuela citada, cuyo nieto se nos hace todavía más sospechoso de haber caído en el mito de la sangre, es la atinente al ámbito de la «moral» que el nieto desprende de semejante «historia genealógica», pues de ese mito de la sangre y solamente de él resulta comprensible que alguien utilice a la abuela en defensa propia ¡incluso de una forma completamente diferente a la que anteriormente se le había imputado como *culpa*! De hecho, aquí volvemos a encontrarnos con la misma cosmovisión, sólo que en este segundo caso *con otro diseño*.

Por supuesto, la «ilógica» con que se manifiesta la habitual ética de la apariencia llega frecuentemente todavía más lejos: determinados seres humanos que incluso han confesado abiertamente su propia culpabilidad en sí y para sí abundan una y otra vez en que «ellos mismos» (y esto lo enfatizan todavía más) también han sido perjudicados, y de este modo se comportan como si por eso mismo ya no se pudiera hablar de su propia culpa. Esto es lo mismo que aquel gánster que pudiera demostrar que ha sido empujado a ello por otro gánster de rango superior o perteneciente a otra banda y que, amparándose en eso, pretendiese que nunca debería hacérsele responsable de su propio crimen…

Si ahora volvemos al tema de la responsabilidad colectiva, tal vez no resulte inoportuno preguntar cómo resarcir los daños que deberían repararse desde el punto de vista de la responsabilidad moral antes que todos los demás. Aquí nos topamos con el problema de la así llamada rehabilitación de las «víctimas» sobrevivientes, es decir, de los llamados damnificados, y al respecto no deberíamos pasar por alto dos cuestiones. La primera de ellas es que, de entrada, cualquier rehabilitación solamente puede ser muy fragmentaria; la vida de los allegados perdidos, o los años perdidos por uno mismo, resultan finalmente irreparables y por eso se afirma en cierta medida con toda razón que, con la reparación de los daños y con la rehabilitación de las víctimas, tan sólo el Estado se rehabilita a sí mismo. Es decir, únicamente a los ojos de todos los Estados de derecho, a los ojos de todo el mundo culto.

Y la segunda cuestión que no deberíamos aquí pasar por alto es la siguiente: los así llamados damnificados, las víctimas sobrevivientes, sólo demasiado raramente hacen valer su derecho moral, por no hablar aquí de la solicitud de derechos materiales, razón por la cual ha de ser mayor la conciencia de todos respecto de nuestra obligación con estos seres humanos. Ahora bien, si nos preguntamos la razón por la cual estas víctimas –y sobre todo aquellas que han sido victimadas en mayor medida– insisten tan poco en sus derechos, si nos preguntamos por qué insisten demasiado poco en cuanto que exhortadoras de la conciencia moral pública, como inquiridoras del deber de la presencia pública, por qué se dejan «eliminar» tan fácilmente en cuanto que voz de la conciencia pública, esta pregunta nos reconduce nuevamente a la psicología del preso liberado del campo de concentración.

Si ustedes hubieran querido comprender el último capítulo de esa psicología habrían tenido que acompañarme aquella tarde de primavera del pasado año, cuando se produjo la liberación del campo de concentración de Türkheim.[37] Aquella tarde, mientras el sol se ponía, me dirigí yo solo al bosquecillo sito en las cercanías del campo. Allí, por una orden sumamente contraria a la legislada para los campos de concentración, pero dictada por nuestro propio jefe del campo –aquel hombre de las SS del que en nuestra primera conferencia les dije que había pagado de su propio bolsillo medicamentos para «sus» presos–, allí precisamente, bajo los esbeltos troncos de los abetos situados detrás de las fosas comunes, habían sido enterrados los camaradas, cuyos nombres garrapateados con tinta de plomo, lejos de haber sido entregados al olvido, podían recordarse tras el decapado de un trocito de la corteza. Si ustedes hubiesen estado conmigo en aquella ocasión, se habrían conjurado conmigo para velar por que, mientras siguiésemos vivos nosotros los supervivientes, fuera cancelada la culpa de todos nosotros. ¡Ciertamente la culpa de todos nosotros! ¡Pues nosotros, los supervivientes, sabíamos con toda exactitud que los mejores de todos nosotros estaban allí enterrados y que no se habían salvado, pues los mejores de entre nosotros fueron los que no volvieron! Por ese motivo ya no podíamos comprender nuestra propia supervivencia sino como gracia inmérita. Para servirles ulteriormente y ser un poco dignos de ellos, tal y como lo creíamos, éramos deudores de nuestros camaradas muertos. Y pagar esa culpa sólo se nos antojaba posible por medio de una sacudida y una alerta de la conciencia moral de los otros, así como de la nuestra propia.

Lo que vino después de una vivencia semejante, lo que luego esperaba al liberado a su regreso a casa, lo dejó olvidar demasiado frecuentemente en aquel juramento. Pues el liberado, el regresado a casa, o bien encontró en ella aquello por lo que había suspirado tanto y cuyo recuerdo le había mantenido en pie en el campo de concentración, por ejemplo, encontrar al ser humano por el que había suspirado tanto que literalmente temía disiparse corporalmente... y de este modo fue demasiado feliz y quedó tan agradecido a su felicidad como para imaginar que hubiera podido hacer algo distinto a lo que se había imaginado durante su estancia en el campo de concentración, a saber, esconderse en sus cuatro paredes y no querer saber nada del mundo de afuera, o bien –por el contrario– el liberado, el regresado a casa quedó tan brutalmente decepcionado por su destino que cualquier desencanto que los otros pudieran producirle en adelante ya ni siquiera lo tomaba en consideración. Un ser humano semejante ha abandonado del todo sentimientos como devolución del mal o venganza. Si el primero estaba demasiado feliz como para pensar en algo semejante, éste se encuentra por el contrario demasiado desdichado. Tan desdichado que a veces puede ocurrir que de la boca de un ser humano semejante se oigan expresiones que demuestran que incluso echa de menos la vida en el campo de concentración y, tan melancólico, que eche de menos aquella época en que por lo menos podía albergar alguna esperanza, por pequeña que fuera, para de ese modo volver a ser feliz. La más mínima posibilidad de llegar a ser feliz es para el ser humano mucho mejor que la absoluta seguridad de no serlo.

Pero, sobre esta melancolía del ser humano tan decepcionado, vencen finalmente dos sentimientos que cada antiguo preso del campo de concentración trae consigo: *desánimo* y *ánimo*. Ha aprendido a estar indiferente incluso frente a un destino decepcionante. Su imperturbabilidad y su carencia de anhelo llegan a ser más grandes y profundas de lo que en general tendría que manifestar hacia fuera. Pese a todo, hay instantes en su vida —y son los más decisivos— en los cuales se aferra a aquello que bendijera en aquel tiempo: el más pequeño pedacito de pan, el poder dormir en una cama, el no tener que esperar en pie para la llamada al trabajo forzoso o el no tener que vivir en constante peligro de muerte. Todo se ha relativizado para él, incluso aquella infelicidad. Él, que como decíamos era literalmente una nada, vuelve a sentirse literalmente revivido, pero no como aquel que fuera, sino como un ser real. Ya dije en la primera conferencia cómo lo impersonal en él «se derretía». De su habitual ambición tampoco habrá quedado demasiado; lo que a lo sumo puede haber quedado es la logromotivación, que es una forma mucho más elevada de la codicia por la autorrealización, precisamente la forma más esencial de ella.

En lo que se refiere al coraje que el egresado del campo de concentración mantiene de esa su vida anterior se trata de aquel sentimiento vital que desde luego prevalece en todos ellos: el sentimiento de que ya nada en absoluto deben seguir temiendo, de que nada en absoluto pueden seguir temiendo, nada más con excepción de su Dios. Llegados aquí, ustedes pensarán que en este lugar se separan de alguna manera los caminos, que se bifurcan las sendas de los seres humanos creyentes respecto de las de los increyentes. Ahora bien, si ustedes se vieran emplazados precisamente en esta encrucijada, quizá vieran las cosas de una forma un poco distinta, tal vez como yo, acaso de la forma siguiente: la alternativa «nada en absoluto» o «Dios», una alternativa de la que ya hablamos en otro contexto, en última instancia no constituye ninguna alternativa, pese a la impresión que pudiera prevalecer en un primer momento. Pues Dios es todo y es nada: porque –si lo conceptuamos erróneamente reduciéndolo a concepto– «todo» desemboca en «nada absolutamente»; por el contrario, si lo entendemos correctamente, nos lo dice absolutamente todo: lo «absolutamente nada», lo in-aprehensible, lo in-decible, lo que es en su ultimidad…

Como ustedes ciertamente observan, con esto nos encontramos al final del tema que tratamos, y por lo mismo en los límites de un diálogo. Llegados aquí, ya no nos ayuda ningún discurso, ninguna conferencia; pero todavía nos queda algo: actuar y, desde luego, actuar cada día. Y si yo mismo me he obligado a mí mismo (¿o debo decir más exactamente «si me ha sido concedido»?) a revivir otra vez lo que les he manifestado anteriormente, también es esto lo único que me da derecho —no la obligación— a dictar también una conferencia sobre esta vivencia.

Lo que hemos venido diciéndoles hasta ahora mismo giraba en torno a la cotidianidad, e incluso hemos llegado a pronunciar en un momento determinado la expresión «metafísica de la cotidianidad». Yo espero ahora que ustedes comprendan correctamente que no nos hemos propuesto tan sólo, por así decirlo, hacer visible la cotidianidad —que aparentemente es tan gris, tan banal, tan manida— y a través de ella dejarnos llevar a lo eterno, sino que en última instancia hemos querido ver cómo esto eterno repercute en lo temporal, en lo diario, en lo cotidiano, en los parajes de un encuentro permanente de lo finito con lo infinito. Esto significa la sacralización del día a día y la posibilidad de «bendecirlo». Lo que nosotros creemos, vivenciamos, padecemos en el mundo, al mismo tiempo lo creamos, lo vivenciamos y lo padecemos para toda la eternidad. En la medida en que nos comportamos responsablemente con el acontecimiento[38] es, por lo tanto, «historia»,[39] esta nuestra responsabilidad está insuperablemente gravada porque absolutamente nada no ocurrido se deja «crear fuera del mundo». ¡Sin embargo, al mismo tiempo esta nuestra responsabilidad está llamada a crear en el mundo lo no acontecido! Y, ciertamente, a crearlo en el marco de cada día de nuestro trabajo, en el marco de cada día de nuestra cotidianidad. Es así como esta realidad se convierte en la realidad[40] pura y simplemente, y esta realidad en posibilidad de actuar impresivamente.[41] Y, solamente de este modo, primero trasciende la metafísica de la cotidianidad y luego –¡conscientemente, consciente de su responsabilidad!– vuelve de nuevo a la cotidianidad.

Lo que por esa senda nos conduce y ayuda a seguir adelante, lo que nos escolta y dirige es esto: la alegría de la responsabilidad. Ahora bien, ¿cómo acontece con esa alegría de asumir la responsabilidad en el ser humano corriente?

Responsabilidad es aquello a lo que uno se ve «forzado» y a lo que sin embargo se «sustrae». La sabiduría del lenguaje quiere decir con eso que en el ser humano existen fuerzas contrapuestas que le frenan a la hora de asumir la responsabilidad. Y, de hecho, hay en la responsabilidad algo abismático: cuanto más extensa y profundamente la tomamos en consideración, tanto más nos hacemos conscientes de ella, hasta que finalmente nos atrapa una especie de vértigo; si profundizamos en la esencia de la responsabilidad humana, entonces nos damos cuenta de lo siguiente: ¡de que hay algo terrible en la responsabilidad del ser humano, y a la vez algo señorial!

Lo terrible es saber que en cada instante asumo responsabilidad por el prójimo; que cada decisión, desde la más pequeña hasta la más elevada, es una decisión «para toda la eternidad»; que en cada instante realizo o dejo de realizar una posibilidad, la posibilidad de cada instante. Por lo cual cada instante lleva en sí mismo miles de posibilidades y, sin embargo, solamente puedo llevar a cabo una de ellas para realizarla, razón por la cual a todas las demás –por así decirlo– al mismo tiempo las he reprobado y condenado a no-ser-nunca, ¡y también esto para toda la eternidad!

Lo señorial, sin embargo, es saber que el futuro, mi propio futuro y con él el futuro de las cosas y de los seres humanos circundantes, de alguna manera –aunque todavía sea de una manera pequeña– depende de mi decisión en cada instante. Lo que yo realizo mediante ellas, lo que, conforme a lo dicho, «llevo al mundo», lo convierto en existente en la realidad y lo salvaguardo de lo perecedero.

Pero, por término medio, los seres humanos son demasiado negligentes como para asumir su responsabilidad. Y aquí resulta necesaria la educación para la responsabilidad. En efecto: la carga es dura; no solamente resulta difícil reconocer la responsabilidad, sino también reconocerse a sí mismo con respecto a ella. Decir sí con respecto a ella y con respecto a la vida. Pero han existido seres humanos que han dicho sí a todas las dificultades a pesar de ese sí. Y, cuando los presos del campo de concentración de Buchenwald[42] cantaban «a pesar de todo queremos decir sí a la vida», no solamente cantaban, sino que al cantarlo realizaban gestas muy diversas, ellos e igualmente muchos de nosotros en los otros campos de concentración. Y fueron capaces de llevar a cabo esos logros en condiciones indecibles, en condiciones indecibles tanto externas como internas, de las cuales al menos hoy ya he dicho lo suficiente. Así las cosas, ¿acaso no podríamos todos nosotros hacer lo mismo hoy en circunstancias relativa e incomparablemente más suaves? Decir sí a la vida no sólo es algo con plenitud de sentido en cualquier circunstancia –la vida es exactamente lo mismo–, sino también algo posible con plenitud de sentido en cualesquiera circunstancias.

Y eso constituye en última instancia y en su entera totalidad el último sentido de estas tres conferencias: mostrarles a ustedes que, a pesar de todo, a pesar de la penuria y de la muerte (primera conferencia), a pesar del sufrimiento derivado de la enfermedad corporal o anímica (segunda conferencia) o del destino en el campo de concentración (tercera conferencia), ¡el ser humano puede decir sí a la vida![43]

UN ESBOZO AUTOBIOGRÁFICO

(Una contribución a
Psychotherapie in Selbstdarstellungen)

Editado por Ludwig J. Pongratz

*Dedicado a mi compañera de camino
Eleonore Katharina, en nuestras bodas de plata*

Mi madre procedía de una familia patricia de rancio abolengo de Praga; el poeta alemán de esa ciudad Oskar Wiener (cuya figura fue perpetuada en la novela de Meyrink *El golem*)[44] era tío de mi madre. Ciego desde hacía tiempo, yo le vi perecer en el campo de concentración de Theresienstadt.

Mi padre procedía de Südmähren. Hijo de un maestro de encuadernación sin recursos, pasó hambre hasta obtener el *absolutorium* en los estudios de Medicina, pero por problemas económicos debió renunciar a ejercer esa carrera para entrar al servicio del Estado, donde llegó a alcanzar el rango de director en el Ministerio de Administración Social. Antes de encontrar la muerte por hambre en el campo de concentración de Theresienstadt, el señor director, mi padre, fue encontrado un día rascando de un cubo de basura vacío las sobras de las peladuras de patata.

Puede que él viera con agrado cómo decidí yo ser médico desde los tres años. Los ideales que en aquel tiempo oscilaban en mí respecto a mi perspectiva profesional, a saber, el de grumete y el de oficial, los entremezclaba yo sin vacilar con el quehacer médico, unas veces bajo la forma de médico de navío y otras bajo la de médico militar. Aunque, más allá de eso, me parece que también desde muy temprano me interesé por la investigación. Por lo menos todavía hoy sigo viéndome ante mi madre diciéndole a la edad de no mucho más de tres años: «Mamá, ya sé cómo se inventan los medicamentos. Se deja que vengan los que por casualidad están enfermos y quieran suicidarse y se les da de comer y de beber todo lo posible, por ejemplo betún o petróleo (¡literalmente!). Si luego se mueren, es porque así lo han querido. Pero, si salen con vida de ello, entonces hemos descubierto el medicamento para su enfermedad». Y entonces mis oponentes me reprochaban que me había comportado demasiado poco experimentalmente y que estaba demasiado poco preparado.

Debía yo de tener como unos cuatro años cuando una noche, poco antes de conciliar del todo el sueño, me desperté sobresaltado y agitado por la idea de que también yo debería morir algún día. Pero lo que propició mi elucubración no fue propiamente el miedo a morir en alguna época de mi vida, sino sobre todo una sola cosa: la cuestión de si el carácter efímero de la vida aniquilaba o no su sentido. Y la respuesta a la pregunta, la respuesta por la que finalmente pude decidirme, fue la siguiente: mírese por donde se mire, sólo la muerte confiere plenitud de sentido a la vida en general. Y, sobre todo, la caducidad de la existencia humana no puede arruinar el sentido de ésta última por la simple razón de que absolutamente nada del pasado se pierde irreparablemente, antes al contrario todo queda preservado imperecederamente sin posibilidad de pérdida. Por consiguiente, todo queda preservado y salvado en el pasado respecto de su condición perecedera. Lo que siempre hemos hecho y lo que hemos creado, lo que siempre hemos vivenciado y experimentado, eso lo hemos salvado en el ser pasado, de forma que nada ni nadie en absoluto puede nunca volver a crearlo en el mundo. En lo referente a mis propias vivencias, tengo por una de las más valiosas una discusión que se estableció precisamente sobre este tema entre Martin Heidegger y yo cuando él vino por vez primera a Viena y me visitó. La dedicatoria que luego escribió él al pie de una foto en la que inmortalizó nuestra visita a un *Heuriger*[45] vienés, y con la que quiso resaltar el parentesco entre nuestros respectivos puntos de vista, merece también ser resaltada: «Lo pasado va. Lo sido viene».

Así fue como pude comprobar una y otra vez que por lo general los personajes realmente grandes a quienes yo admiraba, en la medida en que hubieran podido tener el derecho a criticarme, fueron, sin embargo, indulgentes conmigo y por encima de todo hicieron la vista gorda ante la insuficiencia de mis esfuerzos, quedando siempre dispuestos a ver más allá de ellos algo positivo. Tal cosa me ocurrió no sólo con Martin Heidegger, sino también con Karl Jaspers, Ludwig Binswanger y Gabriel Marcel (no quiero en absoluto volver a relatar lo que estos grandes hombres valoraron mis esfuerzos, pues nadie me creería). Por el contrario, los muy petulantes buscan y encuentran siempre tan sólo las insuficiencias de mis esfuerzos, como si no valiese también para mí lo que ya Goethe escribiera: «Lo que ustedes reprenden en mí, pobres diablos, lo sé yo mejor que ustedes».[46]

En mi infancia me fue regalado un sentimiento de seguridad, y no precisamente gracias a reflexiones filosóficas ni a elucubraciones, sino, sobre todo, gracias al entorno. Debía yo tener unos cinco años –y conservo como paradigmático este recuerdo infantil– cuando una mañana soleada me desperté en la ciudad veraniega de Hainfeld y, aunque todavía con los ojos cerrados, fui iluminado por el feliz y bienaventurado sentimiento inexpresable de ser salvado, protegido y cuidado. Cuando abrí los ojos, mi padre, sonriendo, estaba inclinado hacia mí.

En la también veraniega ciudad de Pottenstein[47] se encontraba una educadora que había trabado amistad con mis padres, motivo por el cual también salía mucho con nosotros, los niños, y que acostumbraba a apostrofarme como el «pensador», pues yo le formulaba incansablemente preguntas, cada vez más preguntas, ya que siempre quería aprender algo de ella, saber cada vez más. Y, aunque no creo haber sido nunca un gran pensador, algo sí puedo haber sido: un pensador consecuente-hasta-el-final.

Luego tuvo lugar la Primera Guerra Mundial. A los funcionarios del Estado les fue miserablemente en el terreno económico, y ya no pasábamos el verano en una ciudad veraniega, sino en el lugar de nacimiento de mi padre, en Pohrlitz (Südmähren).[48] Nosotros, los niños, tuvimos que ir incluso a pedir de limosna pan a las granjas y a robar maíz en los campos.

Vino después la agitada época de entreguerras. Mientras tanto me había entregado a la lectura de filósofos de la naturaleza como Wilhelm Ostwald[49] y Gustav Theodor Fechner. Con este último no había entrado todavía en contacto cuando redacté un par de libretas bajo el pomposo título de *Nosotros y el proceso del mundo*. Yo estaba convencido de que tanto en el macrocosmos como en el microcosmos imperaba un «principio de equilibrio universal» (en mi *Psicoanálisis y existencialismo*[50] retomé el hilo de tales argumentaciones). Y cuando, en otra oportunidad, volvimos a una nueva ciudad veraniega (Eferding) con un barco de vapor corriente arriba a través del Danubio, y me tendí a medianoche pensando en el descubrimiento del «cielo estrellado sobre mí y el principio de equilibrio en mí» (por parodiar a Kant),[51] me vino a la mente la idea siguiente: el nirvana es la muerte térmica «vista desde el interior». Puede comprenderse la impresión que más tarde me produjo Fechner con su obra *El punto de vista del día frente al punto de vista de la noche*,⁵² como también me resultó ulteriormente fascinante la obra de Sigmund Freud *Más allá del principio de placer*.⁵³ Con lo cual ya estaba listo también para mi propia confrontación con el psicoanálisis.

Mientras estudié la enseñanza primaria fui un alumno aventajado. Luego comencé a investigar por cuenta propia. Asistí a la Universidad Popular como oyente de psicología aplicada, pero también me interesé por la psicología experimental. Allí, después de un examen oral, tuve que realizar un ejercicio con experimentos, entre otros una demostración del fenómeno del reflejo psicogalvánico de Veraguth.⁵⁴ Un condiscípulo tenía que colaborar en ello. Cuando, después de haber pronunciado una serie de palabras distintas dejé caer el nombre de su novia, la aguja del galvanómetro saltó —proyectada amplificadamente en la pared frontal del laboratorio de física— de un extremo a otro. Por entonces uno se ponía rojo en situaciones similares. Pero la sala se quedó a oscuras.

En cualquier caso, mis trabajos y mis composiciones escolares se enfocaron hacia estudios de psicoanálisis. Ayudé cada vez más a mis compañeros de clase con mis conocimientos en este terreno, de manera que todos supieron lo que tuvo que haber ocurrido en el subconsciente de nuestro profesor de lógica cuando cierto día, en mitad de la clase, tuvo un lapsus y, en lugar de decir «conceptos genéricos», dijo «maniobras de apareamiento sexual».⁵⁵

Mis propios conocimientos al respecto los obtuve al principio de significativos discípulos directos de Freud tales como Eduard Hitschmann[56] y Paul Schilder,[57] el último de los cuales dictó sus lecciones por mí escuchadas durante años en la Clínica Psiquiátrica de la Universidad de Viena dirigida por Wagner-Jauregg.[58]

Pronto comencé a mantener correspondencia con Freud. Yo le enviaba material proveniente de mi amplia y rica lectura interdisciplinaria que suponía que podría interesarle. Y cada carta era respondida por él con prontitud. Desgraciadamente, todas las cartas y tarjetas postales suyas –nuestra correspondencia se prolongó a lo largo de los años que pasé estudiando mi enseñanza media superior– fueron confiscadas por la Gestapo décadas después al llegar yo al campo de concentración, al igual que un par de historiales clínicos que el joven Freud había redactado de su puño y letra para la Clínica Psiquiátrica de la Universidad de Viena, las cuales me las había regalado el propio archivero de la clínica cuando yo mismo estuve trabajando en ella.

Y un día volví a sentarme en un banco de la avenida principal del Prater,[59] por entonces mi lugar favorito para el trabajo espiritual, y escribí lo que se me había ocurrido bajo el título de *Sobre el surgimiento de la mímica de afirmación y negación*.[60] Acompañé el manuscrito con una carta que sin más envié a Freud, y me quedé no poco sorprendido cuando él me contestó diciendo que lo había remitido a la *Revista Internacional de Psicoanálisis*. Algunos años más tarde, en 1924 fue publicado en el marco de la citada revista.[61] De todos modos, mi primera publicación apareció ya en 1923 en el suplemento juvenil de un periódico diario. No carece de gracia que este trabajo se abra con la sesuda sentencia proveniente de la pluma de un psiquiatra incipiente según la cual «nada se odia tanto como el entendimiento de una persona sana» (yo, por supuesto, ya había pensado en el imprevisto efecto favorable de las frases sobrecogedoras al comienzo).

Pero con Freud no solamente mantuve correspondencia, sino que también me encontré con él una vez. Para entonces yo ya no era estudiante de enseñanza media, sino estudiante de Medicina. El encuentro tuvo lugar por casualidad y demasiado tarde, pues yo ya había caído dentro de la esfera de influencia de Alfred Adler y había decidido publicar inmediatamente mi segundo trabajo científico en la adleriana *Internationalen Zeitschrift für Individualpsychologie* (1925). Hablar de la impresión que me produjo el encuentro con Freud me llevaría demasiado lejos, porque entonces tendría que relatar al mismo tiempo la impresión que me estaba produciendo por entonces la relación con Adler, cada vez más conflictiva. Kurt Eissler, a quien le está confiado el Archivo Freud de Nueva York, me visitó en una ocasión en Viena para rogarme que narrase minuciosa y detenidamente mis recuerdos de aquel encuentro con

Freud en una cinta magnetofónica que luego quedó en propiedad del citado archivo.

Todavía era yo estudiante de enseñanza media cuando aquella mi vocación de primera infancia de llegar a ser médico bajo la influencia del psicoanálisis intensificó la de ser psiquiatra. Naturalmente, durante una temporada anduve también coqueteando con la de encaminarme hacia la dermatología o hacia a la obstetricia. Todo eso hasta que un día otro estudiante de Medicina, W. Österreicher, que más tarde se instaló en Ámsterdam, me preguntó si aún no había oído yo hablar nada de Sören Kierkegaard, cuyas palabras sobre el «no querer desesperar de sí mismo»[62] me convendría leer durante este coqueteo con especialidades no psiquiátricas; según mi compañero, puesto que yo me inclinaba hacia la psiquiatría, tenía también que reconocerme en ese talento. Apenas puede imaginarse cuánto es lo que tenemos que agradecer en determinadas circunstancias a una orientación decisiva que parece una simple observación a quien la deja caer como de paso. En todo caso, a partir de entonces decidí no seguir escapando a la «autorrealización psiquiátrica».

Pero ¿estoy realmente capacitado para la psiquiatría? Una cosa tengo clara: si eso es así, esta capacitación lo está junto con otra, a saber, con mi capacidad para la caricatura. Como caricaturista, igual que como psiquiatra, de entrada me doy cuenta sobre todo de las debilidades de un ser humano. Sólo que, como psiquiatra o al menos como psicoterapeuta, después también me doy cuenta intuitivamente de las debilidades (fácticas), así como de las posibilidades (facultativas) de superarlas; y ante el amargo sufrimiento de una situación sigo buscando posibilidades para darle un sentido, y de este modo también para convertir un sufrimiento sin sentido en un logro real y verdaderamente humano. Y es que, en el fondo, estoy convencido de que propiamente no existe ninguna situación que no encierre en sí alguna posibilidad de sentido. Esta convicción mía es tematizada y sistematizada como una parte esencial por la logoterapia.

Ahora bien, ¿qué sería la aptitud psiquiátrica sin una necesidad psiquiátrica? ¡Así pues, no nos preguntemos tan sólo por lo que capacita a alguien para ser psiquiatra, sino también por lo que induce a alguien a serlo! Yo sostengo que la tentación de la psiquiatría para la persona inmadura radica en la esperanza de obtener poder sobre los otros, de dominarlos, de manipularlos. Para ella saber es tener poder y, aunque no de los otros mecanismos conscientes, a nosotros nos proporcionaría sobre todo una cosa, a saber, el *poder* sobre las demás personas, lo cual se nos manifiesta con extraordinaria evidencia en el caso de las hipnosis. Debo confesar que también me interesé durante mi juventud por la hipnosis, y a los quince años ya era perfectamente capaz de hipnotizar.

Sin embargo, aunque me iba entusiasmando con la psiquiatría en general, y en particular con el psicoanálisis, no abandoné jamás la filosofía. En la Universidad Popular había una comunidad de trabajo filosófico dirigida por Edgard Zilsel[63] y a la edad de dieciséis años sostuve allí una ponencia nada más y nada menos que sobre el sentido de la vida. Fue entonces cuando desarrollé dos de mis pensamientos básicos: que nosotros no podemos preguntar propiamente sobre el sentido de la vida, pues somos nosotros los por ella preguntados, los que tenemos que responder a las preguntas que la vida nos pregunta, y que solamente podemos responder a estas preguntas en la medida en que seamos responsables de nuestro ser-ahí.[64] El otro pensamiento básico que descubrí manifiesta por su parte que el último sentido va más allá –debe ir más allá– de nuestra capacidad intelectiva; por decirlo con una palabra, que propiamente se trata de un suprasentido, tal y como yo lo denominaba, aunque no propiamente en el sentido de algo suprasensible. Sólo en él podemos creer. Más aún, en él también debemos creer. Y, aunque sólo de forma inconsciente, cada uno de nosotros cree siempre en él de todos modos.

Sea como fuere, todavía andaba demasiado inmaduro como para resistir a la tentación psicologista. Solamente en mi trabajo final de bachillerato, al que intitulé *Sobre la psicología del pensamiento filosófico*, y que todavía no pasaba de ser una patografía orientada absolutamente de forma psicoanalítica sobre Arthur Schopenhauer, definí como falso definir *a priori* lo que sea lo enfermo en sí. Como dije más tarde (en mi *Psicoanálisis y existencialismo*), «dos más dos son cuatro, aun cuando lo afirme un esquizofrénico».

A mi reduccionismo psicológico se añadía también la convicción sociologista. Siendo todavía estudiante de enseñanza media fui jefe de la Juventud Obrera Socialista y en 1924 durante una temporada portavoz de los estudiantes socialistas de enseñanza media de toda Austria. Mis amigos y yo vagabundeábamos durante la medianoche por el Prater discutiendo no sólo las alternativas «Marx y Lenin», sino también las alternativas «Freud y Adler».

Así pues, ¿a cuál de los temas que Adler publicaba en su revista había estado dedicado en este tiempo mi propio trabajo? Al tema que atraviesa como un hilo rojo todos los trabajos desarrollados por mí: a la elucidación del territorio fronterizo que se extiende entre psicoterapia y filosofía, con especial referencia a la problemática del sentido y del valor de la psicoterapia; menester es decirlo, apenas conozco a nadie que haya luchado tanto como yo a lo largo de toda mi vida con esta problemática. Ese es el *leitmotiv* que se encuentra detrás de todos mis trabajos. Sin embargo, el motivo que a mí me movió a elaborarlo en el terreno de la psicoterapia fue la superación del psicologismo, al que frecuentemente acompaña —permítaseme la expresión— un «patologismo». En cualquier caso, los dos son aspectos de un fenómeno que los abarca a ambos, a saber, el del reduccionismo, al que incluso pertenecen el sociologismo y el biologismo. En definitiva, el reduccionismo es el nihilismo de hoy. Él reduce al ser humano nada más y nada menos que a una dimensión total excluyendo precisamente a la dimensión humana. Él proyecta lo humano específico desde el terreno de lo personal a la superficie subhumana. En una palabra, el reduccionismo es un subhumanismo, si es que se me permite hablar así.

Pero volvamos a Adler. En 1925 fue publicado en su revista mi trabajo «Psicoterapia y cosmovisión», al que en 1926 le siguió un segundo trabajo. En el mismo año tuve que defender en el adleriano Congreso Internacional de Psicología Individual, con sede en Düsseldorf, una ponencia capital sobre los principios, pero eso no podía hacerlo sin desviarme abiertamente de la ortodoxia adleriana: discutí entonces que en realidad la neurosis fuera en general y siempre –en el sentido de su teoría del «carácter de adaptación»– un simple medio en orden al fin, sino que más bien permanecía y se obstinaba en ser una alternativa para interpretarla, a saber, no como simple medio, sino también «como expresión», y en consecuencia no solamente en sentido instrumental, sino también en un sentido expresivo.

Interrumpí a la ida en Fráncfort del Meno este mi primer viaje como conferenciante, y al regreso también en Berlín. En Fráncfort del Meno –apenas es para creerlo, más bien es para reír– yo, el joven estudiante de Medicina de veintiún años, por invitación de la Juventud Obrera Socialista, volví a dar una conferencia sobre el sentido de la vida y, como pórtico para el acto, marcharon militarmente columnas enteras de jóvenes portando banderas desde un punto de encuentro y lugar de reunión. Al regreso del viaje sostuve en Berlín una conferencia en el marco de la Sociedad de Psicología Individual.

En 1927 se agudizó cada vez más problemáticamente mi relación con Adler. Para entonces yo había caído bajo la fascinación de dos hombres que no solamente me impresionaron como seres humanos, sino que también influyeron en mí de la forma más perdurable: Rudolf Allers y Oswald Schwarz. Con Allers comencé a trabajar experimentalmente en el Laboratorio Fisiológico del Sentido por él dirigido. Schwarz, fundador de la medicina psicosomática y de una «antropología médica», volvió a honrarme con un prólogo a un libro que yo hubiera debido escribir para la editorial Hirzel, especializada en psicología individual, pero que al final ya no pudo ser editado porque mientras tanto yo había sido excluido de la Asociación de Psicología Individual (una redacción abreviada de los pensamientos principales de este libro mío calificado de «abortivo» apareció en 1939 en el *Semanario Médico Suizo*). En su prólogo aseguraba Schwarz que mi libro significaba para la historia de la psicoterapia lo mismo que la *Crítica de la razón pura*, de Kant, para la filosofía. Y él lo creía realmente.

Por esta época fui definitivamente sacudido del sueño y despertado enérgicamente del propio psicologismo. Sea como fuere, fui zarandeado por el planteamiento estelar de Max Scheler, cuya obra *El formalismo en la ética* traje y llevé conmigo como una Biblia. Fue el mejor tiempo para esa autocrítica de mi propio psicologismo. Alexander Neuer, el tan celebrado hombre de Bohemia entre los adlerianos, me había invitado a un debate en el Herrenhof, café literario de Viena, y por de pronto me había pronosticado, basándose en una serie de manuscritos míos, que, frente al intento de Max Planck de resolver el problema de la libertad de la voluntad, y en un aspecto muy determinado frente a los fundadores de la psicología Gestalt, él estaba en condiciones de asegurar que yo les llevaba a todos ellos la delantera (todavía hoy no le creo). Pese a ello, inmediatamente después se levantó y me condenó apasionadamente, refiriéndose de nuevo a mis manuscritos como propios de un «renegado del espíritu». Lo cual fue para mí «muy oportuno». Y yo no estaba ya para tener ningún compromiso más.

Llegó luego aquella tarde en que Allers y Schwarz, que ya habían anunciado su salida del círculo de Adler, defendieron y fundamentaron esa salida suya ante todo el mundo. La sesión se desarrolló en el gran paraninfo del Instituto Histológico de la Universidad de Viena. En las últimas filas se sentaron un par de freudianos que ahora contemplaban tan contentos el espectáculo porque oían con regodeo que Adler no había hecho nada más allá de Freud, de cuyo círculo ya había salido aquél en su día. De nuevo volvía a producirse una «secesión». La presencia de Adler convertía la presencia de los psicoanalíticos en algo todavía más electrizante.

Allers y Schwarz terminaron sus respectivas exposiciones. La tensión cortaba el aire. Nosotros, sobre todo, estábamos «en tensión» por la forma en que pudiera reaccionar Adler. Pero esperábamos en vano. Contra su costumbre no pedía la palabra. Pasaron minutos desagradables. Él estaba sentado en la primera fila, y entre nosotros una discípula de Adler de cuya reserva respecto a su doctrina sabía Adler tanto como de la mía. Finalmente se dirigió a nosotros dos y nos dijo con sarcasmo: «¿Y ustedes, héroes?». Con esto daba a entender que nosotros, no deberíamos ser tan cobardes, sino poner valientemente nuestras cartas sobre la mesa. Así que no me quedó más remedio que salir a la palestra y explicar en qué medida la psicología individual había ido más lejos que el psicologismo. Y cometí el error de confesarme «ante el enemigo», los psicoanalíticos, favorable a Schwarz, e incluso de apostrofarle como «mi maestro», añadiendo luego incluso que yo no veía ningún motivo para salir del círculo de Adler, pues la psicología individual adleriana podía dejar atrás su propio psicologismo con sus propias fuerzas. En vano me esforcé por mediar entre Allers, Schwarz y Adler. Desde aquella noche Adler no volvió a dirigirme la palabra ni a responder ningún saludo mío, contra lo que yo había venido haciendo noche tras noche cuando llegaba al café Siller y me acercaba a su mesa habitual, en la cual él tenía su corte. En realidad, él no podía soportar ya que yo no hubiese apostado incondicionalmente por él. En repetidas veces él me había sugerido que yo podía salir de su círculo, mientras que yo, como antes, no veía ningún fundamento para ello. Finalmente, un par de meses más tarde, fui excluido formalmente del círculo. Este «éxodo» significó mucho para mí. Yo había venido editando a lo largo de un año una revista de psicología individual (*El ser humano en su vida cotidiana*) que ahora naturalmente, más pronto o más tarde, tendría que suspender su aparición. Pero, además de eso, también había perdido mi foro. Sólo unos pocos entre los partidarios de la psicología individual continuaron mostrándome su aprecio, si no científicamente, sí al menos humanamente, y en este contexto recuerdo agradecidamente al tan tempranamente desaparecido Erwin Wexberg, a Rudolf Dreikurs y, de una u otra manera, a la hija de Alfred Adler, Alejandra. Nadie más se acercaría a decirme que la logoterapia fuera simplemente una «psicología adleriana mejorada»[65] y que, por lo tanto, no habría ningún fundamento para hacerla pasar por una línea de investigación a su modo, ni para bautizarla con un nombre propio. Ante reproches semejantes yo acostumbro a reaccionar del modo siguiente: ¿quién, sino Adler, estaría legitimado para decidir si la logoterapia sigue siendo realmente una psicología individual o ya no lo es? Y él tomó la decisión al respecto de que yo fuera excluido del círculo de psicología individual. *Roma locuta causa finita.*⁶⁶

Mientras tanto, había sido abierta la Asociación Académica de Psicología Médica por Fritz Wittels, que había escrito la primera biografía de Freud, Maximilian Silbermann y yo, a quien eligieron como su vicepresidente. Silbermann fue presidente y sus sucesores fueron Fritz Redlich y Peter Hofstätter. En el consejo asesor se sentaban también Freud, Schilder y cualquiera que tuviera rango y nombre en la Viena de la década del 1920, meca de la psicoterapia. En esta asociación había ahora una comunidad de trabajo, y en dicho ámbito dicté en 1926 una conferencia en la que por primera vez hablé de *logoterapia* ante la comunidad académica. La designación alternativa de *análisis existencial* sólo comencé a utilizarla a partir de 1933. Por esa época ya había yo sistematizado hasta cierto punto mi propio pensamiento.

De hecho, ya en 1929 había diferenciado tres grupos axiológicos, es decir, las tres posibilidades de dar un sentido a la vida hasta su último instante, hasta su último aliento, a saber: por una acción, por una obra que llevamos a cabo o por la vivencia, el encuentro y el amor; pero, incluso cuando somos confrontados con un destino inexorable (pongamos por caso, con una enfermedad incurable o con un carcinoma inoperable), incluso entonces podemos darle algún sentido a la vida en la medida en que testificamos la más humana de las capacidades humanas: la capacidad de transfigurar el sufrimiento en un logro humano.

Ciertamente, en mis publicaciones científicas anteriores a 1938, no aparecen las denominaciones de logoterapia ni de análisis existencial. El motivo de tales «firmas empresariales» es el siguiente: si hablo de logoterapia y de análisis existencial, puedo ahorrarme el referirme constantemente a mí, y de ese modo no digo que yo enseño esto o lo otro, sino que «la logoterapia» lo enseña; no que yo, sino el «análisis existencial» ha podido demostrar esto o lo otro. Pero, si fuera realmente imprescindible que yo hablara siempre en primera persona, entonces no podría decir «nosotros los logoterapeutas» defendemos el punto de vista de tal o cual cosa, o que debería hacerse de esta manera y no de la otra.

Después de la exclusión de la Asociación de Psicología Individual, el centro de gravedad de mi esfera de intereses se fue ampliando desde la teoría hacia la praxis. Organicé, primero en Viena y luego, tras el modelo de Viena, en otras seis ciudades, los así llamados Consultorios Juveniles, en los cuales los jóvenes espiritualmente indigentes eran aconsejados gratuitamente. Como consejeros se pusieron honoríficamente a mi disposición hombres como August Aichhorn, Wexberg y Dreikurs, también Charlotte Bühler se declaró, como todos los demás, dispuesta a recibir en su casa a quienes se veían precisados de consejo. En el 1930 organicé por primera vez durante algún tiempo una acción especial para impartir testimonios, lo cual tuvo como consecuencia que por primera vez después de muchos años hubiera que reseñar que no se produjo ni un solo suicidio escolar en Viena. En el extranjero comenzaron a interesarse por ello y fui invitado desde allí a dar conferencias sobre dicha cuestión. En Berlín sostuve un abundante diálogo con Wilhelm Reich, que estaba interesado por la consejería juvenil y en discutir conmigo mis experiencias con los problemas sexuales que se presentaban en este ámbito mientras me daba vueltas y vueltas durante horas enteras por Berlín en su auto descapotable. En Praga y en Budapest dicté conferencias incluso en el ámbito académico. De este modo conocí en Praga a Otto Pötzl, que por entonces había pasado a ser sucesor de Wagner-Jauregg en Viena y que para mí fue un amigo paternal a lo largo del tiempo. Y en otra ocasión, invitado por Margarete Roller, de la Asistencia Social de la Juventud Alemana, dicté en Brno[67] una conferencia, a continuación de la cual nos sentamos en un restaurante, y ella cayó de repente en una actitud muy contemplativa: se estaba acordando en aquel momento de que durante decenios había colaborado con mi padre en el ámbito de la asistencia social juvenil, y de que ahora realmente volvía a hacer lo mismo con su hijo. De hecho, mi padre había fundado, junto con el ministro Joseph Maria von Bärnreither (del cual había sido secretario privado durante una temporada), la Central para el Cuidado y la Protección de la Infancia. En mi juventud nada había para mí más aburrido que esta materia. Hasta que yo, o mejor, hasta que Margarete Roller un día me sorprendió haciéndome notar que con los consultorios juveniles también yo estaba sirviendo en un terreno psicológico a la nueva asistencia social juvenil.

En cualquier caso, ¡en el año 1930! hube de abandonar a toda prisa dicho restaurante para volar a Viena como pasajero único en un avión de carga con cuatro plazas. La carga que yo «añadía a la carga» de la máquina quedó acreditada después de haber sido depositado en el aeropuerto sobre una báscula nada más llegar. Por aquella época el piloto todavía se sentaba al aire libre, y no en una cabina cerrada. En todo caso este mi primer vuelo resultó en muchos aspectos muy aventurero. Y, por encima de todo, sin él no hubiera sido posible llegar a tiempo a Viena por la tarde para impartir el curso semanal que me correspondía en la Universidad Popular y que venía impartiendo regularmente desde 1927. Sea como fuere, se trataba del primer curso sobre Higiene Psíquica que se daba en una universidad popular en Viena.

Con la misma regularidad dicté también conferencias en organizaciones de la Juventud Obrera Socialista, y en cientos de dichas conferencias sobre lo mismo se proporcionaba para concluir una respuesta a cuestiones escritas, y de este modo se acumulaba en mí una buena experiencia que combinaba con lo que había aprendido en el marco de la asesoría juvenil gracias al contacto con miles de jóvenes que buscaban consejo.

Solamente de este modo puede quizá comprenderse que Pötzl por primera y única vez, y considerando que hacía una excepción conmigo, diera permiso a Otto Kogerer –el cual dirigía en su clínica la sección psicoterapéutica–, siendo yo todavía estudiante de Medicina, es decir, antes de mi licenciatura, para trabajar con total autonomía psicoterapéutica. Ahora iba buscando olvidar lo que había aprendido del psicoanálisis y de la psicología individual. Intentaba aprender del paciente, escucharle atentamente. Quería averiguar cómo se comporta cuando mejora su situación. Comencé a improvisar. Ahora observo muy bien lo que el otro me dice, pero olvido lo que yo le digo. Y de este modo tuve que oír una y otra vez de mis pacientes cómo habían practicado ellos la intención paradójica que, naturalmente, sólo mucho tiempo después comencé a caracterizar como tal y a tematizar por vez primera en 1939 en el Archivo Suizo de Neurología y Psiquiatría. Cuando luego preguntaba a estos pacientes cómo lograron aprender ese truco de la intención paradójica para acabar con sus neurosis, decían completamente desconcertados: «Pero ¡si eso me lo ha dicho ya anteriormente!». Había olvidado yo mi propio invento.

Después de obtener mi titulación trabajé primeramente en la Clínica Universitaria Psiquiátrica, también bajo la dirección de Pötzl, aunque luego durante dos años fui con Joseph Gerstmann, inventor del síndrome de Gerstmann o síndrome angular,[68] para formarme en neurología. Finalmente trabajé durante cuatro años en el hospital Am Steinhof, donde dirigí el denominado «pabellón de mujeres suicidas». Una vez calculé que por esa época atendí a no menos de tres mil pacientes femeninas por año con sus correspondientes diagnósticos.

En 1937 abrí mi consultorio privado como médico especialista en neurología y psiquiatría. Pero no tuve la posibilidad de trabajar en él durante mucho tiempo ininterrumpidamente. Algunos meses más tarde las tropas de Hitler ocuparon Austria. En aquella tarde de tantas consecuencias en la que aquello ocurrió, y para sustituir a un colega de la clínica, dicté sin saberlo una conferencia para la que él había elegido el título de «El nerviosismo como característica de nuestra época». De repente se abrió bruscamente la puerta de la sala y un hombre con uniforme de las SS se situó ante ella. Visiblemente él esperaba que yo interrumpiese mi conferencia. Pero ¿qué fue lo que hice? Puse mi orgullo en hablar de tal manera que atrapara su atención y le sacase de la cabeza la idea que hubiera podido llevarle allí. Esa fue la parte de bravura retórica de mi vida: el hombre de las SS permaneció en la puerta como si hubiera echado raíces allí hasta que terminó la conferencia.

Era cosa de brujas. Yo ni sabía ni podía sacar ningún visado. Luego me fue ofrecida y acepté la dirección de la Unidad Neurológica en el Hospital Judío Rothschild, un cargo que a mí, y conmigo a mis ancianos padres, nos garantizaba una cierta protección en caso de un posible transporte a un campo de concentración. Pötzl, que no era un antisemita, pero que había corrido de un lado para otro nada menos que como candidato emblemático del Partido Nacionalsocialista Obrero Alemán, me mantuvo su fidelidad con mucho valor cívico y me ayudó a mí y a mis pacientes judíos –pues por aquel entonces otros ya no podían venir a consulta conmigo– con los medios a su alcance. Y no solamente estuvo junto a mí en el Hospital Judío para transferir a mis pacientes con tumores cerebrales a la Clínica Quirúrgica Universitaria y continuar en ella sus operaciones. Hizo más que eso: nosotros saboteábamos la eutanasia de enfermos mentales organizada por las autoridades nacionalsocialistas. Yo había descubierto en la residencia judía para ancianos un par de camas enrejadas. Pero la Gestapo vigilaba el cumplimiento estricto de los estatutos, que prohibían aceptar enfermos mentales. Yo, aun a riesgo de tener la soga al cuello, sorteé esas cláusulas mientras exculpaba a la dirección de esa residencia de ancianos y expedía certificados médicos que transformaban una esquizofrenia en una afasia, «por tanto, en un padecimiento orgánico del cerebro», y una melancolía en un delirio febril, «por tanto, ninguna psicosis en el sentido estricto de la palabra». Una vez interrumpida la esquizofrenia en aquellas camas enrejadas de la residencia de ancianos, también podía ser tratada en caso de apuro en una sala abierta con *shocks* de Cardiazol, y la melancolía superar su fase sin riesgo de suicidio. Y Pötzl debió de haber oído campanas al respecto, pues, desde el primer momento en que comenzó la clínica, cada vez que un paciente judío era transferido llamaba a la residencia de ancianos: «Tenemos un paciente judío, ¿lo reciben ustedes?». Y cautelosa e intencionadamente se evitaba discutir siquiera someramente con una sola palabra el diagnóstico de una psicosis. Mi magia diagnóstica no debía anticiparse. Si alguien saboteaba la eutanasia, a ese sabotaje suyo nadie podía ponerle en absoluto ninguna piedra en el camino. Y ocurrió que los parientes cercanos de los nacionalsocialistas cayeron víctimas de la eutanasia, mientras que simultáneamente los pacientes judíos pudieron en muchos casos escapar a ella. Sin Pötzl eso no habría sido posible.

Cuando las circunstancias se agravaron y de un día para otro hube de ser deportado junto con mis padres, me senté y escribí la primera redacción de *Psicoanálisis y existencialismo*: al menos debería sobrevivirme esa quintaesencia de la logoterapia. Y, cuando las cosas llegaron tan lejos como para ser transportado a Auschwitz, el manuscrito iba conmigo cosido al forro de mi abrigo. Por supuesto, se perdió.* Me vi obligado a despojarme de todo: de las ropas y de los últimos efectos personales que todavía poseía, entre ellos mi orgullo más grande, a saber, la insignia de la asociación alpina Donauland, que me acreditaba como guía de alpinistas. Pues el deporte del alpinismo es, después de todo, mi pasión todavía hoy y lo fue siempre a lo largo de mi vida. Es el único deporte del cual puede decirse que permite compensar la disminución de la fuerza bruta debida a la edad con el crecimiento en experiencia logrado mientras tanto y con la refinada técnica del escalar. En cualquier caso, son las horas en las que ando escalando las únicas en las cuales tengo la garantía de no ocuparme con mi siguiente libro o con mi siguiente conferencia. Y no es en verdad nada exagerado lo que Giambattista Torello escribió bajo sospecha en su día en el periódico *Österreichische Hochschulzeitung*: que los tres doctorados *honoris causa* que me han sido otorgados en Estados Unidos no significaron para mí tanto como las dos subidas a los Alpes que en honor de su primer escalador, yo mismo, fueron bautizadas como «la cumbre de Frankl». También mis amigos creen saber que mi pasión por la escalada va de consuno con

---

* Una copia de la primera redacción fue reformulada nuevamente después de la guerra; pero, cuando ya estaba completamente lista la segunda redacción, las muy numerosas ampliaciones que habían sido añadidas todavía antes del ingreso en el campo de concentración de Auschwitz se perdieron, evidentemente. (*N. de Frankl*).

mi interés por una «psicología de altura», tal y como lo postulé ya en un trabajo mío de 1938. De todo eso podría dar testimonio el hecho de que ya tenía sesenta y siete años cuando tomé mis primeras horas de vuelo para emprender un par de meses más tarde mis primeros vuelos en solitario.

Pero estábamos hablando de Auschwitz. Aquello fue el *experimentum crucis*.[69] La verdadera incapacidad humana para la autotrascendencia y para el autodistanciamiento, como tanto lo acentué y subrayé en los últimos años, fueron existencialmente verificados y validados en el campo de concentración. Esta experiencia en el más amplio sentido de la palabra la ratificó el *survival value*,[70] por decirlo con terminología psicológica norteamericana, que corresponde a la «voluntad de sentido» tal y como yo la denomino, o de la autotrascendencia, el ir-más-allá-de-sí-mismo en pos de algo de la existencia humana que ya no es ella misma. En similares circunstancias[71] sobrevivieron mejor que los demás aquellos que se orientaban hacia el futuro, hacia un sentido cuyo cumplimiento les esperaba en el futuro. Los marines norteamericanos Nardini y Lifton, más en concreto psiquiatras del ejército, han asegurado lo mismo, por ejemplo, en el caso de campamentos japoneses de prisioneros de guerra norcoreanos. En lo que a mí personalmente se refiere, estoy convencido de que a mi propia supervivencia debe de haber contribuido no en última instancia mi voluntad de reconstruir el manuscrito perdido. Comencé a reconstruirlo cuando caí enfermo con fiebre tifoidea y quise también mantenerme despierto por la noche para no sucumbir a un colapso. Para mi cuarenta aniversario un camarada me había regalado un pedazo de lápiz y como por arte de magia me había traído un par de diminutos formularios de las SS en cuyo reverso ahora yo –con fiebre muy elevada– garabateaba apuntes estenográficamente gracias a los cuales pude precisamente reconstruir mi *Psicoanálisis y existencialismo*. Esos apuntes también me sirvieron realmente de mucho cuando más tarde me entregué a la ejemplar tarea de trasladar mi teoría a la acción llevando al papel la segunda versión –ahora enriquecida– de mi primer libro incluso en una situación límite como Auschwitz. El capítulo adicional sobre la psicología del campo de concentración había sido preparado ya en tiempo y en espacio. La forma en que todo aquello transcurrió –autodistanciamiento por excelencia– la trasladé al Primer Congreso Internacional de Psicoterapia: «He intentado repetidamente distanciarme de todo el sufrimiento que nos rodeó, y ello porque quería objetivarlo. Por eso precisamente recuerdo una mañana en que fuimos de marcha fuera del recinto del campo de concentración y el hambre, el frío y los dolores apenas podían soportarse debidos al edema causado por el hambre, y los pies dolían por encontrarse heridos, llenos de supurantes heridas derivadas de la presión de las botas y de los sabañones abiertos por las heladas. Mi situación me pareció sin esperanza ni consuelo. Pero precisamente entonces me imaginé sobre un estrado de orador en medio de una sala de plenos grande, hermosa, cálida y luminosa dictando a una interesada audiencia una conferencia intitulada *Psicología del campo de concentración* sobre aquello que precisamente había estado viviendo allí. Créanme ustedes, señoras y señores, que en aquel día de dolor no podía yo esperar que me habría de ser dado dictar realmente un día semejante conferencia».*

Pasé tres años en cuatro campos de concentración.** Luego regresé a Viena. Una y otra vez hube de escuchar las siguientes preguntas: «¿Es que acaso no te han hecho bastante en Viena a ti y a los tuyos?». Mi padre murió en el campo de concentración, mi madre fue gaseada en Auschwitz, mi hermano fue igualmente asesinado en Auschwitz, y mi primera mujer, con veinticin-

---

* También dicté realmente sobre este mismo título la conferencia en el Congreso. (*N. de Frankl*).

** Cuando el alcalde de Austin, la capital de Texas, me concedió el título de ciudadano honorario, respondí: «Realmente es mucho menos sobresaliente que me honre usted como ciudadano de honor de lo que lo sería el haberle reconocido como tal yo mismo a usted, pues, de no haber habido tantos y tantos hombres jóvenes de Texas, y entre ellos los de su ciudad, que hubieran dado e incluso ofrecido su vida para salvarme a mí y a muchos de los campos de concentración de Türkheim (¡y efectivamente *se trataba* de tropas de Texas!), no hubiera entonces existido después de 1945 ningún Viktor Frankl y por lo mismo tampoco hasta hoy ninguna logoterapia». Al alcalde se le saltaron las lágrimas. (*N. de Frankl*).

co años, lo fue también en el campo de Bergen-Belsen. Pero yo respondía con una contrapregunta: «¿Quién me ha hecho qué? Por aquel entonces había en Viena una baronesa católica que, arriesgando su propia vida, había mantenido oculta durante años en su casa a mi prima, y también hubo luego un abogado socialista, al que yo tan sólo había conocido superficialmente, y que no tenía en absoluto nada conmigo ni tampoco necesitaba nada de mí, pero que cuando podía, a escondidas y con disimulo, me traía algo para comer (se trataba del que fuera entonces vicecanciller Bruno Pittermann). ¿Con qué fundamento hubiera tenido yo que darle la espalda a Viena?». Quien habla de culpa colectiva se sitúa a sí mismo del lado de la injusticia. En cualquier parte que yo haya estado, siempre he alzado la voz para rechazar la culpa colectiva. En mi libro sobre el campo de concentración –un libro cuya traducción inglesa (tan sólo en Estados Unidos) ha alcanzado más de los dos millones de ejemplares– relato la siguiente historia real: «El comandante del campo de concentración en el que estuve finalmente y del que fui por fin liberado era un hombre de las SS. Después de la liberación del campo, ¡el comandante del campo había gastado de su propio bolsillo no escasas sumas de dinero para comprar en la farmacia de la aldea cercana medicamentos a fin de poder cuidar a sus propios prisioneros! La historia tuvo un epílogo. Tras la liberación, judíos prisioneros le ocultaron de las tropas norteamericanas y comunicaron a su comandante que le entregarían al hombre de las SS única y exclusivamente a condición de que no le tocaran ni un solo cabello. El comandante de la tropa norteamericana les dio luego su palabra de honor de oficial, y los presos judíos llevaron delante de él al que antes había sido comandante del campo. El comandante de las tropas de liberación volvió a nombrar al hombre de las SS comandante del campo, y precisamente aquel hombre de las SS organizó para nosotros la recogida de alimentos y de ropas entre la población de los pueblos circundantes».

Resulta para mí incomprensible cómo incluso prominentes y prominentísimos psicoanalistas, después de más de cuarenta años, todavía no saben ir más allá de los traumas que les había causado el racismo. Todavía siguen inclinándose de forma especial a generalizar, a globalizar, a hablar de culpas colectivas.

En 1946 no era en absoluto popular manifestarse contra la culpa colectiva, e incluso implicarse a favor de un nacionalsocialista concreto; incluso me ha caído encima por ello con frecuencia algún rapapolvo por parte de diversas organizaciones. Pero yo he insurgido contra la culpa colectiva en presencia del comandante de las tropas de ocupación francesas, un general, en una ocasión en la que tuve que dictar una conferencia en la zona francesa ocupada por los alemanes. Al día siguiente vino a verme un profesor universitario, antiguo oficial de las SS, y me preguntó con lágrimas en los ojos de dónde sacaba yo el valor para pronunciarme abiertamente contra los juicios globales, y le respondí: «Ustedes no pueden hacerlo. Ustedes hablarían para defender su propia causa. Pero yo soy el preso 119.104 de Dachau y como tal puedo muy bien hacerlo, así que también *debo* hacerlo. A mí eso no me lo va a quitar nadie, y eso significa precisamente una obligación».

Aún en el campo de concentración me prometí a mí mismo preocuparme inmediatamente por Pötzl tan pronto como tuviera la ocasión de regresar a Viena. De este modo mi primer camino como hombre libre me llevó hacia él. Acababa de enterarme yo mismo de que también mi primera mujer había muerto, y mi antiguo maestro fue el primero ante el cual me eché a llorar. Desgraciadamente, ya no pude ayudarle. En el mismo día él había sido relevado irrevocablemente de su puesto por su condición de nacionalsocialista. Pero, con todos los amigos restantes, temblaba él ante mí por mi propia vida, pues temía un suicidio. Pittermann[72] me forzó a firmar un formulario en blanco que serviría para buscarme ulteriormente una plaza vacante de atención primaria.* Otto Kauders, sucesor de Otto Pötzl como director de la Clínica Psiquiátrica de la Universidad de Viena, me sugirió una tercera y última redacción del libro *Psicoanálisis y existencialis-*

---

* Durante veinticinco años dirigí la Policlínica Neurológica de Viena. (*N. de Frankl*).

mo para con ella obtener la tesis de habilitación.[73] Era eso lo único que todavía me interesaba. Y me lancé al trabajo. Tres estenotipistas femeninas debían relevarse entre sí para recoger y entregar mi dictado. Las esclusas se habían abierto.

Todavía en el año 1945 dicté en nueve días el libro del campo de concentración, que más adelante llegó a alcanzar en Esados Unidos sesenta y dos ediciones. Mientras lo dictaba me hallaba decidido a publicarlo de forma anónima para poder descargarme con la mayor sinceridad (en la cubierta de la primera edición ni siquiera está impreso mi nombre). El libro permaneció durante bastante tiempo en la imprenta cuando mis amigos me convencieron de que editándolo con mi propio nombre respondiera yo por su contenido, y a este argumento y a su apelación a mi coraje no pude ya resistirme finalmente. Cuando todavía era estudiante de enseñanza media se me ocurrió en cierta ocasión una elección ficticia: ¿y si, después de haber escrito un libro que da algo a muchos, estuviera yo dispuesto a publicarlo con el nombre de cualquier otro renunciando al éxito? Y estaba dispuesto a hacerlo.

No resulta curioso que aquel de entre mis veintiséis libros que escribí verdaderamente en conciencia llegara a ser editado anónimamente y que nunca hubiera podido brindarme un éxito, que precisamente ese libro se convirtiera en un *best seller* incluso para la mentalidad norteamericana. Prescindiendo de los más de dos millones de ejemplares (en el área lingüística alemana se fueron vendiendo con dificultad hasta que se agotaron los tres mil ejemplares de la edición), el libro fue elegido en Estados Unidos cinco veces libro del año. En la mayoría de los *colleges* se utilizó como *required reading* (lectura obligatoria). En la Baker University de Kansas el tema del libro sirvió de guía general a los planes de estudio a lo largo de tres años, y el plan de estudios llevaba incluso el nombre del libro: *Man's Search for Meaning*, el hombre en busca de sentido. Conozco un convento de monjes trapenses en cuyo refectorio a mediodía se leía en voz alta una página de mi libro, y también conozco una iglesia católica en donde ocurrió lo mismo una vez en el marco de la misa dominical. Conozco una congregación de monjas que imprimieron para las alumnas de sus colegios marcadores de hojas con citas de mi libro, y también conozco a un profesor de universidad que impartió a sus estudiantes de filosofía un trabajo escrito titulado «¿Qué hubiera llegado al lenguaje si Sócrates y Frankl hubiesen estado *juntos* en cautiverio?».

Resulta sencillamente conmovedor cuán receptiva e incluso cuán entusiasmada está la juventud norteamericana con mi libro. Y no resulta fácil de explicar que lo esté. Por iniciativa de Gordon Allport, que escribió el prólogo a mi libro, se añadió a la edición norteamericana como segunda parte teorética suya una introducción a la logoterapia. Dicha introducción es el destilado teorético derivado del ámbito de vivencias habidas en el campo de concentración, y el último aún más posterior, el perfil autobiográfico, vuelve a servir de ejemplificación existencial. El libro se polariza en dos partes y ambas se potencian entre sí. En parte esto pudo haber causado el efecto que causó. ¿Y qué decía la dedicatoria que escribí un día a alguien en el libro? «No fácilmente se escribe esto con la propia sangre. Sin embargo, con ella se escribe bastante fácilmente». Lo satisfactorio y alentador es que todavía hoy un libro pueda encontrar su camino sin ser «construido» por *lobbies* ni grupos de presión. Si hubiera llegado a los editores, ellos no lo habrían editado en modo alguno. Que sí lo fuera es de agradecer única y exclusivamente a la apuesta de Allport.[74] Con todo y con eso, los derechos para una edición de libros de bolsillo fueron revendidos de editor en editor por un moco de pavo hasta que el último hizo el negocio del siglo. *Habent sua fata libelli*.[75] Sin embargo, el libro *Psicoanálisis y existencialismo* fue puesto en la lista de libros que traducir por una comisión estatal norteamericana que en los primeros años de la posguerra europea viajaba por Europa, siendo el único libro austriaco elegido en dicha lista. Al editor norteamericano se le garantizaba una subvención estatal a fin de que no tuviera que sufrir riesgos financieros. Sin embargo, hasta un decenio más tarde la prestigiosa editorial New Yorker no se decidió a aprovechar la oportunidad. Tampoco tuvo que arrepentirse por ello en lo referente al lucro comercial. En 1945, cuando entregué los manuscritos de esos mis dos primeros libros, nunca hubiera podido yo soñar de ninguna manera que alcanzarían en el extranjero semejante éxito (además, mis libros llegaron a traducirse a dieciocho idiomas, incluyendo el japonés, el chino y el coreano). Pese a todo ello tengo entre lo más sublime que se me haya concedido alguna vez el haber ido llevando bajo el brazo a mi primer editor Franz Deuticke (que también fue el primer editor de Freud) el manuscrito de la redacción definitiva de *Psicoanálisis y existencialismo*. El lector comprenderá, por tanto, lo que quiero decir con la frase introductoria que sirvió de lema a las ediciones sucesivas: *Euntes eunt et plorant, semen spargendum portantes: venientes venient cum exsultatione, portantes manipulos suos.*[76]

Y la Tercera Escuela de Viena, tal y como la bautizó W. Soucek, denominó a la logoterapia (respecto al psicoanálisis freudiano y a la psicología individual adleriana) queda en pie y firme. En la historia de la psicoterapia (junto al análisis del destino) constituye ella el último sistema real, si queremos fiarnos de Torello. De hecho, yo me esforcé por obtener siempre y en la mejor medida posible formulaciones claras en torno a las cuales anduve puliendo hasta que quedaban talladas como cristales, transparentes como para alcanzar una verdad que iluminara a las demás, cuyo significado primero me había herido y cegado a mí mismo. En mi libro *El hombre incondicionado* hay una frase para cuya formulación –lo digo verbalmente y por escrito– necesité tres horas, y también escribí una página de la cual sólo quedé satisfecho en la décima redacción. Me reconozco de un perfeccionismo como el que una vez expresó Saint-Exupéry: «La plenitud no consiste en que ya no se pueda añadir nada más, sino en que ya no pueda quitarse nada más».[77]

Pero de alguna manera también puede llegarse a alcanzar realmente el carácter sistemático de una teoría, así como la conciencia metódica con que se aplica a la praxis médica. Muchos oyentes y lectores me dijeron y escribieron que ellos siempre habían sido logoterapeutas, aunque de forma inconsciente. Esto sólo para el ámbito de la logoterapia, pero también sirve de indicador de lo correcto e importante que es construir la intención paradójica en un sistema y ampliarlo convirtiéndolo en un método. Y sólo en este sentido puede la logoterapia aspirar a tener una prioridad. La técnica en cuestión ya fue practicada por otros abiertamente desde 1939, por lo tanto, antes de la aparición de mi trabajo en el Archivo Suizo de Neurología y Psiquiatría, en donde la describí por vez primera. En mi obra *Psicoterapia en la praxis* doy cuenta asimismo de todos los predecesores que al respecto de una u otra forma me la enseñaron, aunque hubiera sido sin método y sin sistema.

En lo que se refiere al eco que han alcanzado mis libros y publicaciones, tengo entre las más preciosas las cartas de lectores de Estados Unidos. Apenas transcurre una semana sin recibir una carta con manifestaciones como la siguiente: «Doctor Frankl, su libro ha cambiado mi vida».* En cualquier caso, las recensiones negativas me las tomo más en serio. De ellas puedo yo mismo aprender algo. Desgraciadamente no siempre.

Además de mis libros y artículos también me gustaría hablar de mis conferencias y lecciones. Impartir conferencias me resulta decididamente divertido. Sin embargo, preparar las conferencias no siempre me resulta fácil. Para la conferencia conmemorativa que me fue asignada por invitación del Senado académico con ocasión del 600 aniversario de la Universidad de Viena, llegué a redactar al principio hasta ciento cincuenta páginas. Y desde luego en esa ocasión no utilicé ningún manuscrito. En realidad, *siempre* hablo libremente.

En lo que se refiere a las conferencias, hasta hoy he sido invitado por 151 universidades a dictarlas fuera de Europa, en América, Australia, Asia y África. Tan sólo rumbo a América emprendí 49 viajes para impartirlas.

---

* «En Asia, regido por un dictador [agradezco a Luis de la Peña la aclaración de que se trataba de Benigno Aquino, opositor del dictador Marcos en Filipinas. (*N. del T.*)], existe un país en el cual fueron prohibidas por fin las elecciones obligatorias y el candidato contrincante terminó siendo encarcelado, situación en la que se encuentra hasta el día de hoy. En una interviú para la revista ilustrada *Newsweek*, respondía como sigue a la pregunta de cómo estaba pudiendo aguantar durante años su aislamiento: "Mi madre me ha enviado a la celda el libro de un psiquiatra vienés llamado Viktor Frankl y es lo que me mantiene en pie"». (*N. de Frankl*).

Tres veces tuve al respecto que dar la vuelta al mundo, una de ellas durante dos semanas. Puesto que volaba hacia el este gané un día entero, y de este modo pude dictar en 14 días 15 conferencias. Una noche hablé en Tokio y al día siguiente, en la tarde de la misma fecha, en Honolulu. Por medio quedaba el océano Pacífico.

No hay que minusvalorar el alcance de las conferencias. En Nueva Orleans acudieron una vez 6.200 personas para escuchar una que tuvo lugar en el auditorio de congresos (Rivergate Center). A veces, tal y como ocurrió en Fresno, a uno le toca hablar en el espacio libre de una pradera gigantesca o, como en Cincinnati, en la pista de baloncesto de la sala de exposiciones y congresos. Al día siguiente publicaba la prensa que ningún partido de baloncesto había llevado tanta gente a ese lugar como mi conferencia lo había hecho. Otro tanto pasa también en Estados Unidos con la publicidad. En Athens, que alberga la Universidad de Georgia, se desplegaron pancartas en las calles de la pequeña ciudad en las que se anunciaba mi conferencia. Y esto ocurría incluso en Latinoamérica. Allí el entusiasmo resulta inimaginable, y especialmente inimaginable para el europeo. Cuando mi esposa y yo llegamos a San Juan (capital de Puerto Rico), el resto de los pasajeros no pudo abandonar el avión. Mi esposa y yo pudimos alcanzar la pasarela, pero no logramos continuar adelante. Bloqueos policiales. Se nos hizo esperar durante largo tiempo. ¿Qué estaba ocurriendo? La televisión buscaba en vano en el avión en el que viajaban a dos pasajeros, de nombre Frankl, para filmar el espectáculo de la recepción. A mi mujer y a mí se nos dejó pasar. No parecíamos lo suficientemente prominentes.

Por otra parte, en Latinoamérica la primera dama insistió en escuchar durante un día las tres conferencias, cada una de ellas de dos horas. Y su marido, el presidente del correspondiente Estado,[78] me invitó a desayunar para compartir conmigo la situación cultural de su país. Ambos habían leído mis libros. Sin embargo, en Europa no le cuento a nadie semejantes historias. Nadie me creería. Y por eso me hace tanta más gracia tener que narrarlas por escrito.

El europeo no se hace la menor idea de la sencillez con la que se acerca el norteamericano a la ciencia, pero tampoco del nivel de formación medio, que en Estados Unidos resulta sorprendente. No es nada del otro mundo el interesarse por un libro cuyo contenido promete tratar de la búsqueda del sentido de la vida y, sin embargo, este libro se encuentra tan extendido que en cierta ocasión estaban leyéndolo durante un vuelo dos pasajeros sentados uno junto al otro sin conocerse entre sí, y que observaron por casualidad y casi sin poder creerlo que ambos leían el mismo libro, precisamente *El hombre en busca de sentido*. Otra vez llamó un profesor universitario de San Diego para obtener más detalles respecto al número de teléfono de Viktor E. Frankl. La reacción de la empleada fue: «¿Se refiere usted al autor de *El hombre en busca de sentido*?». «Sí, a él.» Así que entonces el colega tenía que darle *su* «información» detallada sobre mí. Así estuvo machacando durante siete minutos, tal y como la empleada me informó (y como el mismo interesado volvió a informarme después), y eso que en Estados Unidos las telefonistas son conocidas por su parquedad de palabras. Solamente después de todo eso terminó revelándole ella mi número de teléfono.

Prescindiendo de las conferencias que hube de dictar en las universidades, y prescindiendo de mi cátedra en la Universidad de Viena, como *visiting professor* hube de dictar cursos en la Universidad de Harvard en 1961, en la Southern Methodist University en 1966, y en la Duquesne University en 1972. Hace poco fui reconocido como *visiting clinical professor of Psychiatry* en la Stanford University. La United States International University se reservó en 1970 el derecho a crear una cátedra de logoterapia (y a contar conmigo al respecto) y a fundar un Instituto para Logoterapia en San Diego (California). En resumen, de alguna manera esto significó la coronación de mi vida laboral.* Pero, además,

---

* Mientras tanto se creó en la Universidad de Messina el Centro Psicológico Vittorio Frankl, una asesoría y un centro de investigación con un equipo de veinte colaboradores. Y en la ciudad universitaria de Berkeley (California) se creó un centro de documentación que se llama Frankl Library and Memorabilia y que es una especie de combinación de biblioteca y de museo. (*N. de Frankl*)

la logoterapia también se ha extendido en el ámbito académico; los conceptos por mí elaborados intuitivamente durante decenios han sido verificados y validados para comprobarlos en la experiencia. Se construyen test para facilitarlo, se hace investigación estadística y también se alienta la computación al respecto. Pero ni siquiera se trata de que la logoterapia sea comprobada estadísticamente: cada vez más se aplican también empíricamente a determinados ámbitos en los cuales no soy en absoluto experto.*

Así pues, la logoterapia tiene éxito, también los logoterapeutas tienen éxito. Hay en California un hombre que fue un magnate de la industria del acero y que como tal tuvo que ver con el desarrollo de la primera bomba atómica. Hasta ahí llegó en este terreno. Y estudió teología y fue ordenado sacerdote. También hasta ahí llegó en ese terreno. Vino a Viena durante un año y estudió logoterapia. Y la practicó con éxito junto a su catedrático en el San Francisco State College. Para estas alturas su yate se le quedó demasiado deslucido y se hizo construir uno nuevo. Y se le metió en la cabeza que mi mujer tenía que botarlo con champán y en presencia de los fotógrafos de prensa bautizándole con

---

* Uno de mis estudiantes californianos presentó en su día un seminario de trabajo en el que describía las experiencias favorables que él había alcanzado aplicando la logoterapia a su trabajo profesional. Y su profesión era la de *coach* de un equipo de béisbol. (*N. de Frankl*).

el nombre de Logos. Inmediatamente me informó de que el Logos había ganado la regata Hearst en la bahía de San Francisco.

Pero volvamos a hablar ahora en serio: el éxito que pueda alcanzar la logoterapia no es en absoluto como para darme la enhorabuena. Como ya dije en mis palabras de agradecimiento cuando me fue otorgada en 1969 la Cruz de Honor de la Ciencia, mientras que los otros «solamente ven lo que yo he podido haber alcanzado y conseguido o, mejor dicho, lo que me hizo feliz y logromotivado, en un instante retrospectivo como éste a mí sólo me viene a la mente lo que yo hubiese debido –debido y *podido*– hacer, pero no he hecho; en una palabra, aquello en lo que he seguido siendo culpable ante la gracia de que, tras de haber podido franquear el portón de Auschwitz, todavía se me han regalado veinticinco años». Soy, por tanto, completamente consciente de la «insuficiencia de mis esfuerzos», de la cual hablábamos al principio. Y con ello lo soy también de la unilateralidad con que se ha desarrollado la logoterapia. Semejante unilateralidad es, sin embargo, corregible. Fue Kierkegaard quien dijo una vez que quien tiene que aplicar un correctivo *debería* ser unilateral, «unilateralmente activo». O, como yo mismo lo dije en mi ponencia de clausura como vicepresidente del Quinto Congreso Internacional de Psicoterapia, «en la medida en que no nos es accesible una verdad absoluta debemos contentarnos con corregirnos unos a otros las verdades relativas y también tener el valor para reconocer la unilateralidad. En las orquestas polifónicas de la psicoterapia hemos llegado a una unilateralidad que, consciente de sí misma, no sólo está permitida, sino también obligada».

Dicho lo cual, mis arremetidas van contra el cinismo que hemos de agradecer a los nihilistas y contra el nihilismo que agradecemos a los cínicos. Se trata de un círculo vicioso entre indoctrinación nihilista y motivación cínica. Y lo necesario para dinamitar ese círculo vicioso es tan sólo una cosa: desenmascarar a los enmascarados. El enmascaramiento de una unilateral psicología profunda que se entiende y se proclama «psicología desenmascaradora». Freud nos ha enseñado cuán importante es desenmascarar. Pero yo pienso también lo importante que es decir dondequiera que sea «hasta aquí hemos llegado», y ciertamente allí donde el psicólogo «desenmascarador» se confronta con algo que ya no permite confrontar alegando la simplista razón de que eso es lo genuino e intocable. Pero el psicólogo que tampoco en este caso puede dejar de seguir desenmascarando desenmascara también la tendencia que en él existe de forma inconsciente: el desvalorizar lo genuino del ser humano, lo humano que hay en el ser humano.

Yo debería saber todo esto. Pues he pasado por la escuela del psicologismo y por el infierno del nihilismo. Puede ser que realmente aquel que desarrolla un sistema psicoterapéutico propio en última instancia sólo escriba la historia de su propia enfermedad. Sólo se pregunta si también ella es representativa de la neurosis colectiva de su época. Y entonces podría ofrecer su sufrimiento por otros, y de este modo su enfermedad podría contribuir a inmunizarles.

Una mañana me dirigí a la clínica y saludé al pequeño círculo de profesores norteamericanos que me estaban esperando, psiquiatras y estudiantes que se encontraban en Viena con el fin de investigar: «*Who's Who* en Estados Unidos ha elegido a un par de docenas de personas y se ha dirigido a ellas con el ruego de describir con una única palabra lo que haya sido el deseo de su vida. La respuesta me salió también sin vacilar: "Un apretón de manos universal". ¿Qué piensan ahora ustedes de lo que les he dicho?». Reflexión general. Y luego respondió un estudiante de Berkeley como disparando su pistola: «Usted ha puesto el sentido de su vida en ayudar a los otros a encontrar un sentido a su vida». El estudiante acertaba con pelos y señales. Yo había escrito eso mismo realmente.

Notas a la traducción

1. Las tres conferencias están recogidas bajo el común epígrafe de «Vom Sinn und Wert des Lebens. Drei Vorträge, gehalten an der Volkshochschule Wien-Ottakring 1946», con prólogo del doctor Leopold Langhammer, en el volumen titulado *Viktor E. Frankl. Die Sinnfrage in der Psychotherapie*, Múnich, R. Piper & Co., 1981.
2. Obra ésta escrita en 1946 en nueve horas y publicada en *Der Brenner*, nº 17 (1948), pp. 92-125, bajo el seudónimo de Gabriel Lion (el padre de Frankl se llamaba Gabriel, la madre, Elsa, y su apellido de soltera era precisamente el de Lion: ambos exterminados en campos de concentración). Por lo que se refiere a la palabra *Birkenwald* (bosque de abedules), ella resulta de la fusión de los nombres de dos campos de concentración, Buchenwald y Birkenau. El propio Frankl, como es bien sabido, sobrevivió a los campos de Therenestadt, Auschwitz, Türkheim, Kaufering y Dachau. Junto a *El hombre en busca de sentido*, también publicada en 1946, *Sincronización en Birkenwald* (*Frankl II*) *re-presenta* a la vez conceptual y escénicamente y alude a la serie de disertaciones ... *A pesar de todo, decir sí a la vida* (*Frankl I*), publicadas poco tiempo antes por Frankl en la Universidad Politécnica de Viena-Ottakring, enton-

ces publicadas como folleto y ahora traducidas en formato de libro: él necesitaba explicar lo acontecido. Y este *... A pesar de todo, decir sí a la vida* ampara también, como acabamos de decir, el mensaje de *El hombre en busca de sentido* y de *Sincronización en Birkenwald*. *Una conferencia metafísica,* vagamente concebida durante su estancia en el campo de concentración. Un año después de la liberación subió aquella idea desde lo profundo de la conciencia de su autor, y Frankl puso por escrito, según confesión propia, el texto en un par de horas, como quien dice sin pausa, como si le hubiese sido dictado.

3. Idéntica dedicatoria «al padre muerto» (*dem toten Vater*) la encontramos también en la obra de Frankl *El hombre en busca de sentido* –y contenida en *Frankl II*–, publicada en el mismo año de 1946.

4. El doctor Friedrich Löhner-Beda –periodista vienés que había comenzado con versos críticos populares en su época y con poemas patrióticos durante la Primera Guerra Mundial, pasando a ser libretista de opereta para Franz Lehár (*Federica*, *El país de la risa*)– se había convertido entre los monárquicos en un sionista apasionado, lo cual le llevó en 1938 a un campo de concentración, donde murió. Pues bien, fue precisamente en Buchenwald donde escribió el texto de un himno de dicho campo que otro prisionero vienés compuso musicalmente, estremecedor documento cuyos populares versos de entrada llamaban a ritmo de marcha a la firmeza y predicaban la fe en la liberación. En este texto se encuentra el renglón: «A pesar de todo queremos decir sí a la vida».

5. *Ser-ahí, Dasein,* palabra introducida en el lenguaje filosófico por Martin Heidegger en su obra *Sein und Zeit*,

de 1927. Frankl la mantiene en su trilogía contenida en *Frankl I* y *Frankl II*, si bien la va sustituyendo progresivamente —y en esta obra la contrapone de hecho a renglón seguido— por *menschlicher Sein*, ser humano. La diferencia terminológica resulta notable, pues *ser-ahí* no pasa de mentar un mero ser en el mundo con las cosas, pero no explícitamente todavía una realidad personal digna, libre y valiosa.

6. *Menschlichen Lebens*, vida humana entendida según lo advertíamos en la nota anterior, como realidad personal digna, libre, valiosa.
7. El Zyklon B, tóxico altamente eficaz, se vertía en tuberías perforadas desde el tejado, una vez que las víctimas eran encerradas, y producía la muerte entre 20 y 25 minutos después. En la cámara de gas los cadáveres iban formando capas estratificadas, debajo los más débiles (ancianos, niños), en el medio las mujeres, y encima los más jóvenes y fuertes. Apenas se requerían 4 gramos por persona para causar la muerte, lo cual significaba que una tonelada de este producto daba muerte a 250.000 personas. En 1.944 se usaron en Oranienburg 2.175 kg y en Auschwitz 1.175 kg, en total unos 3.790 kg que representaron el exterminio de casi un millón de personas.
8. En *Frankl II* —y concretamente en *El hombre en busca de sentido*— describirá después Frankl más detalladamente esta situación del modo siguiente: «Quiero referirme a aquel comandante del campo de concentración en el que estuve por última vez y del cual fui liberado. Él era un hombre de las SS. Después de la liberación del campo se supo fuera de éste algo que hasta entonces solamente el médico del campo (el cual era también un prisionero)

conocía: ¡el comandante del campo había gastado de su propio bolsillo no escasas sumas de dinero para comprar en la farmacia de la aldea cercana medicamentos a fin de poder cuidar a sus propios prisioneros! La historia tuvo un epílogo. Tras la liberación, judíos prisioneros le ocultaron de las tropas norteamericanas y comunicaron a su comandante que le entregarían al hombre de las SS única y exclusivamente con la condición de que no le tocaran ni un solo cabello. El comandante de la tropa norteamericana les dio su palabra de honor de oficial, y los presos judíos llevaron delante de él a quien antes había sido comandante del campo. El comandante de las tropas de liberación volvió a nombrar comandante del campo al hombre de las SS, y precisamente este hombre de las SS organizó para nosotros la recogida de alimentos y de ropas entre la población de los pueblos circundantes.

Por cierto que precisamente el más antiguo capo de este campo, y en consecuencia un preso, se comportaba con mucha mayor maldad que todos los guardias de vigilancia de las SS juntos; él golpeaba a los prisioneros cuando, donde y como sólo él quería, mientras que, por ejemplo, el comandante en jefe alemán –hasta donde yo sé– nunca levantó ni una sola vez la mano contra uno de «sus» prisioneros.

De ahí se desprende una cosa: por el mero conocimiento de que un ser humano ha pertenecido a la vigilancia del campo o, a la inversa, como prisionero de éste, no se dice lo más mínimo. La bondad puede encontrarse en todos los seres humanos». Todas las notas que siguen a continuación relativas a *Frankl I* han sido traducidas también directamente por nosotros.

9. Lo mismo que Copérnico puso patas arriba a la ciencia de su época haciendo girar a la Tierra alrededor del Sol, y no a la inversa como hasta entonces se suponía, también Kant defendió en el terreno de la epistemología que nosotros no nos sometemos cognitivamente a las cosas, sino que son más bien las cosas las que deben someterse a nosotros.
10. Frankl trae aquí muy pertinentemente a colación el texto paleotestamentario de Jb, 21 al referirse a Leviatán, serpiente de color tan negro como el del esclavo: «¿Quién abrió las hojas de sus fauces? ¡Reina el terror entre sus dientes! Su dorso son hileras de escudos que cierran un sello de piedra. Están apretados uno a otro, y ni un soplo puede pasar entre ellos. Están pegados entre sí, y quedan unidos sin fisura. Echa luz su estornudo, sus ojos, como los párpados de la aurora. De sus narices sale humo, como de un caldero que hierve junto al fuego. Su soplo enciende carbones, una llama sale de su boca. En su cuello se asienta la fuerza, y ante él cunde el espanto. Cuando se yergue, se amedrentan las olas, y las ondas del mar se retiran».
11. Se refiere Frankl aquí a la célebre frase de Emmanuel Kant con la cual concluye su *Crítica de la razón práctica*: «Dos cosas llenan el ánimo de admiración y respeto, siempre nuevos y crecientes cuanto más reiterada y persistentemente se ocupa de ellas la reflexión: el cielo estrellado que está sobre mí y la ley moral que hay en mí».
12. *Aufzuleiden*.
13. *Aufarbeiten*.
14. Cuestión muy importante en la época de Frankl, porque, llevados por sus temores eugenésicos, los nazis pregonaron las advertencias de la «muerte nacional» planteadas por los demógrafos e intentaron revertir la tendencia de la

caída en la tasa de nacimientos. La Ley de salud marital de octubre de 1935 reguló las uniones entre las personas «genéticamente saludables» y las consideradas genéticamente ineptas. Casarse y tener hijos se convirtió en un deber nacional para los «racialmente aptos». Hitler proclamó el 8 de septiembre de 1934: «En mi Estado, la madre es el ciudadano más importante».

15. Claramente vemos a Frankl referirse aquí a G. W. F. Hegel, cuya noción de *Aufhebung* utiliza ahora nuestro autor para mentar lo que, pasando de forma dialéctica, es decir, lejos de su mero pasar, queda para siempre subsumido, es decir, suprimido-superado, y no meramente perdido. Es la diferencia que existe en Hegel, y ahora también en Frankl, entre lo infinito falso (perecedero) y lo infinito verdadero, es decir, lo eterno que aparece en cuanto resultado de la ley de la negación de la negación.

16. El imperativo categórico de Kant presenta varias formulaciones: Fórmula del fin en sí mismo: «Obra de tal modo que uses la humanidad, tanto en tu persona como en la persona de cualquier otro, siempre como un fin al mismo tiempo y nunca solamente como un medio». Fórmula de la ley universal: «Obra sólo según una máxima tal que puedas querer que al mismo tiempo se torne ley universal». Fórmula de la ley de la naturaleza: «Obra como si la máxima de tu acción debiera tornarse por tu voluntad ley universal de la naturaleza». Fórmula de la autonomía: «Obra como si por medio de tus máximas fueras siempre un miembro legislador en un reino universal de fines».

17. Esta cuestión alude nuevamente a la indignificación a que sometía el sistema jurídico hitleriano a ciertos presos, a los

que ni siquiera consideraba dignos de ser juzgados, condenándolos de ese modo en consecuencia.
18. Hillel (70 a. C.-10 d. C.) fue el primer rabino que sistematizó la interpretación de la ley escrita, y fue elegido jefe del consejo religioso de Israel. Su énfasis en el cumplimiento de las normas éticas, en la piedad personal, en la humildad y en la preocupación por los demás fue precursor de ciertas enseñanzas morales del cristianismo. El filólogo francés del siglo XIX Ernest Renan afirmó en su *Vida de Jesús* que Hillel fue un maestro de Jesús de Nazaret, algo realmente falso. Según Hillel, la Torá se resume en esto: «No hagas a tu prójimo lo que no quieres que te hagan a ti; todo lo demás es comentario». Hillel fundó una escuela liberal de interpretación de las escrituras, opuesta a la rigidez de la escuela de Shammai y el enfrentamiento entre las dos escuelas se saldó a favor de Hillel.
19. En todo el libro juega Frankl, lo mismo que Ferdinand Ebner en sus obras, con la correlación *Wort* (palabra), *Antwort* (respuesta), *Verantwortung* (responsabilidad).
20. *Des Geistes.* Las enfermedades mentales en la Alemania de principios del siglo XX eran denominadas enfermedades del espíritu, siguiendo la terminología acuñada en el siglo anterior por Reil y Heinroth. Véase González Duro, E.: *Prácticas e ideas en el tratamiento de la locura. De la Revolución francesa al final del Nazismo*, 2014, eBOOKfacil.es, o De la Fuente, R.: *La patología mental y su terapéutica*, 2 vols., Madrid, FCE, 1997. En la traducción se dejará como enfermedades del espíritu cuando Frankl explicite que eran mal llamadas así, y como enfermedad mental o psicosis (según contexto) en el resto de los casos. (Debo esta nota a María Ángeles Noblejas, fundadora de

AESLO, así como su inestimable y escrupuloso trabajo de revisión de la traducción).
21. No es de la incumbencia del traductor discutir la veracidad o inverecundia de esta tesis tan importante, lo único que queremos mostrar es que cuestiones tan centrales como ésta son reasumidas en el ulterior pensamiento de Frankl, obra por la cual viene a ser una especie de vademécum básico o hilo conductor de todos sus escritos hasta el final de éstos.
22. *Das seelische.*
23. Casi lo mismo repetirá Frankl más tarde en *El hombre en busca de sentido*: «Observemos de una vez a la mayoría de los prisioneros sentados juntos en el lugar de trabajo y precisamente por vez primera no vigilados atentamente. ¡Inmediatamente van a comenzar a hablar de comidas! Al instante uno de ellos preguntará al que trabaja junto a él en la zanja para informarse de la comida favorita del camarada. Entonces comienzan a intercambiar recetas de cocina y a planear conjuntamente menús para invitarse a una pequeña celebración de reencuentro algún día de un futuro distante ya liberados y de regreso a casa… De los agotadores conflictos anímicos internos y de las luchas de voluntad que tienen ante sí los hambrientos difícilmente se hace una idea quien no ha conocido algo semejante en su propia vivencia. Para él resulta difícilmente comprensible lo que eso significa: permanecer en la zanja, cavar y siempre estar pendiente de si la sirena anuncia las nueve y media o las diez; esperar siempre que esta pausa de media hora del mediodía se aproxime con el reparto del pan, con el suministro del "tiempo del pan" (si es que todavía se nos repartía); preguntar la hora una y otra vez al capo, si no es un tipo desagradable…».

24. Volvemos a encontrar lo mismo después en *El hombre en busca de sentido*: «Esta joven mujer sabía que debería morir en los próximos meses. Cuando hablé con ella se encontraba contenta pese a todo: "Le estoy agradecida a mi destino porque se haya cebado en mí tan duramente —me dijo literalmente— pues en mi anterior vida burguesa estaba yo tan mal criada que no era capaz de tomar completamente en serio mis ambiciones espirituales"».
25. En realidad, *Atlantic* —y no *Titanic*, como afirma Frankl— era el título de la película británica de 1929 basada en el RMS Titanic, la cual se desarrolla en un barco de ficción llamado Atlantic, y en cuya versión alemana las cosas sucedieron realmente como sigue: «En *Atlantic* vemos cómo el peso interpretativo de un solo actor puede hacer que una de las versiones se distancie por completo de las otras. El actor en cuestión era Fritz Kortner, protagonista absoluto de la versión alemana. Es en el último rollo de la película cuando el personaje adquiere toda su fuerza, hasta el punto de que acaba robando sus papeles a otros intérpretes, como ocurre en la secuencia de las oraciones: en la versión inglesa hay un sacerdote que dirige las oraciones, mientras que en la alemana es el personaje de Kortner (un paralítico desencantado de la vida) el que asume ese papel. Pero no sólo eso, en la versión alemana se convierte en el verdadero motor de la película. [...] De acuerdo con su función de protagonista, todas las secuencias dialogadas giran en torno a él y a su silla de paralítico. [...] El personaje que interpretaba Fritz Kortner (John Roll) no obtiene al final un resultado tan esperanzador como en las otras versiones: en ésta, la secuencia del salvamento de una niña que ha sido abandonada en la cubierta del bar-

co sirve prácticamente para cerrar la película; en las otras versiones se cerraba con todo el grupo que ha quedado a bordo rezando, con el agua por encima de las rodillas y se fundía con un amanecer marino» (Josetxo Cerdán. «Del silente al sonoro: remakes a la busca de una clasificación», *Vértigo*, 1993, 7, pp. 11-16).

26. Rm, 14, 8.
27. El beato Clemens August Graf von Galen (1878-1946), obispo de Münster y más tarde cardenal, de origen nobiliario, criticó abiertamente el régimen nazi y formuló fuertes denuncias públicas contra el programa de eutanasia nazi, llegando a ganarse el apodo de león de Münster.
28. Obsérvese la intencionada insistencia de Frankl en la relación de los términos *Worten, beantworten, verantworten*, que en castellano significan «palabras», «dar respuestas», «responsabilizarse».
29. Frankl dictó por segunda vez esta conferencia de ahora con toda solemnidad en el Teatro Nacional de Viena; en consecuencia, no por vez primera, como afirma Hans Weigel en su prólogo al *Frankl II* de título homónimo: «Estando en el campo me imaginaba yo a mí mismo como si estuviera en una tribuna de orador en un salón de conferencias grande, hermoso, caliente y diáfano a punto de impartir ante una audiencia interesada una conferencia titulada *Experiencias psicoterapéuticas en el campo de concentración* y de hablar precisamente de todo aquello que yo había acabado de vivir». Y ahora se encontraba en ese salón de conferencias grande, hermoso, caliente y diáfano, y habló. No sólo su fantasía terapéuticamente profética, también su enseñanza quedó triunfalmente consagrada.

Él pudo vivir esa velada porque ya la había vivido anticipadamente en su espíritu».

30. «Corazón alegre hace buena cara, corazón en pena deprime el espíritu» (Proverbios, 15, 13); «El corazón alegre mejora la salud, el espíritu abatido seca los huesos» (Proverbios 17, 22).

31. Casi literalmente se repite esta anécdota en *Frankl II*: «Cuán esencial es por una parte el nexo entre el abandono de sí mismo con peligro de muerte y el dejarse caer a sí mismo, y por otra parte entre la pérdida de la vivencia de futuro, es algo que contemplé con mis propios ojos dramáticamente: mi jefe de barracón, un antiguo compositor y libretista extranjero no desconocido, se me confiesa del modo siguiente: "Oye, doctor, me gustaría relatarte algo. El otro día tuve un sueño maravilloso. Una voz me decía que podría solicitar algo para mí; que solamente debo decirle qué me gustaría saber especialmente, que ella va a responderme cada pregunta. ¿Y sabes lo que le pregunté? ¡Quise saber cuándo terminaría la guerra para mí! ¡Ya sabes tú, doctor, lo que pienso al decir para mí! Esto significa que desearía saber cuándo va a ser liberado nuestro campo, cuándo nosotros y, en consecuencia, cuándo van a cesar nuestros sufrimientos. "¿Y cuándo has tenido este sueño?", le pregunto. "En febrero de 1945", responde (entonces estábamos a comienzos de marzo). "¿Y qué te ha dicho la voz del sueño?", vuelvo a preguntar. Y en voz baja, misteriosamente, me susurra: "El 30 de marzo...".

Cuando F., mi camarada, me habló de su sueño, se encontraba aún lleno de esperanza y convencido de que la voz onírica estaba completamente en lo correcto. Pero el plazo por ella profetizado se acercaba cada vez más y las noticias que llegaban al campo sobre la situación militar iban pareciendo cada mes menos verosímiles en lo atinente a que el frente pudiera traernos de hecho la liberación todavía en marzo. Entonces sucedió lo siguiente. El 29 de marzo F. enfermó repentinamente con una fiebre sumamente elevada. El 30 de marzo, por tanto, el día en que conforme a la profecía tenía que terminar la guerra, y con ello el sufrimiento "¡para él!", comenzó F. a delirar severamente y finalmente perdió la conciencia… El 31 de marzo estaba muerto de fiebre tifoidea».

32. Friedrich Nietzsche: *Crepúsculo de los ídolos*. Sentencias y Flechas, § 12: «*Hat man sein warum? des Lebens, so verträgt man sich fast mit jedem wie?*».

33. Reasumido en *Frankl II:* «A un ser humano al que durante tanto tiempo se le ha sometido a una enorme presión anímica, la que representa el campo de concentración, a un ser humano semejante le amenazan naturalmente también después de la liberación, precisamente por causa de la descarga de la presión que su liberación supone, ciertos peligros desde el punto de vista anímico. Estos peligros (en el sentido de una higiene psíquica) no son otra cosa que, por así decirlo, el reverso de la enfermedad de Caisson: así como el trabajador se encuentra amenazado en su salud vital cuando de repente abandona la cámara de inmersión (en la que se encuentra bajo una presión atmosférica anormalmente elevada), así exactamente puede también el ser humano repentinamente liberado de la presión anímica sufrir en determinadas circunstancias daños en su salud anímica».

34. De nuevo usado en *Frankl II:* «La amargura del liberado del campo puede ser despertada por tantas y tantas manifestaciones de la vida dentro del marco del anterior

entorno. Cuando de este modo un ser humano regresa a casa y se ve obligado a ver que acá y allá no se le recibe con nada mejor que con un encogerse de hombros o con frases gastadas, entonces no raramente se apodera de él una amargura que le lleva a preguntar por qué ha tenido que pasar por todo aquello realmente. Cuando casi por lo general no recibe otra cosa que los tópicos habituales, como "No sabíamos nada en absoluto" o "También nosotros hemos sufrido...", entonces ha de preguntarse si realmente aquello es todo lo que se le sabe decir...».

35. *¡Detened a esa basura!* En los libretistas de las marchas militares alemanas de la época hitleriana se ensalzaba exageradamente el poder de Alemania y de los alemanes sobre el mundo, lo cual se tradujo por reacción en un fortísimo resentimiento contra todos los alemanes, de ahí la divisa de los austriacos recordada por Frankl *¡Haltet den Pfieke!*

36. La expresión alemana *Blut und Boden* aquí aludida por Frankl fue acuñada a fines del siglo XIX por el romanticismo nacional germano para defender la destrucción de otros pueblos y la apropiación de sus tierras: «La sangre y el suelo son el destino del pueblo alemán». El término apareció en 1922 en el célebre libro de Oswald Spengler *La decadencia de Occidente*, donde evoca un «combate de la sangre y del suelo contra una forma de híbrido interno entre hombre y animal». La frase fue popularizada por el argentino R. W. Darré durante el ascenso nazi en su libro de 1930 *Neuadel aus Blut und Boden (Una nueva aristocracia basada en la sangre y el suelo)*, que proponía un programa de eugenesia sistemática.

37. Al final de la guerra, durante los años 1944-1945, los alemanes establecieron en Türkheim dos comandos exterio-

res dependientes del campo de concentración de Dachau (campo VI), uno de hombres y otro de mujeres. En el primero fueron recluidos entre mil y mil quinientos prisioneros desde octubre del año 1944. Precisamente en esa misma fecha fue trasladado Frankl del campo de Auschwitz al de Türkheim, de donde fue de los últimos en salir, liberado por los norteamericanos. El accidentado proceso de evacuación de este campo, que comenzó el 22 de abril, así como los motivos por los que Frankl fue uno de los últimos en salir el 27 de abril, se relata en *Frankl II*.

38. *Das Geschehen.*
39. «*Geschichte*».
40. *Wirklichkeit.*
41. *Wirken.*
42. Tal y como lo refleja Frankl precisamente en su libro *Sincronización en Birkenwald*, obra escrita en 1946 en nueve horas y publicada en *Der Brenner*, nº 17 (1948), pp. 92-125 bajo el pseudónimo de Gabriel Lion.
43. Con la traducción del presente libro para los lectores de habla hispana se cierra un círculo que el propio Frankl dudó en cerrar, tal y como lo expresan todavía sus palabras de *El hombre en busca de sentido* (*Frankl II*): «Originariamente yo no quería publicar este libro con mi nombre, sino sólo con la indicación de mi número de prisionero. Me resultaba determinante al respecto mi rechazo al exhibicionismo de lo vivido. De hecho, sólo cuando la redacción ya estuvo terminada, me dejé convencer de que una edición anónima quedaría devaluada, en tanto que la valentía de reconocer su autoría elevaría el valor de un conocimiento. Así que, por amor a la cosa misma, he renunciado también a suprimir algunos pasajes y de este modo

he sacado el valor necesario para confesar el miedo ante el exhibicionismo, y de este modo al mismo tiempo me he corregido a mí mismo un poco».
44. Gustav Meyrink alcanzó la celebridad en Austria por su obra *El golem*, en la cual se evoca una antigua leyenda del gueto de Praga relacionada con el gran rabino Loew de Praga (1512-1609), figura influyentísima en el hasidismo y especialmente en Martin Buber. Se trata de una figura de arcilla que la cábala utilizó para defender a los judíos, pero que se escapa fácilmente del control humano provocando catástrofes continuas.
45. *Heuriger* vienés, local de entretenimiento, vinos especiales de la localidad, acompañamiento culinario y música viva, un ambiente abigarrado muy bávaro también.
46. Goethe: *Fausto*. I, 1.
47. Localidad bávara turística perteneciente al distrito del wagneriano Bayreuth.
48. Hasta hace poco ciudad checa con frontera porosa con Baviera (Alemania), finalmente perteneciente a Austria.
49. Friedrich Wilhelm Ostwald (Riga, Imperio ruso, hoy capital de Letonia, 1853-Leipzig, 1932), premio Nobel de Química que formuló su imperativo energético como sigue: no malgastes energía, trata de utilizarla. Según eso, el valor ético del altruismo se fundamentaría en la intropatía, la cual elimina las barreras energéticas entre el yo y el tú.
50. Véase la primera conferencia de este mismo libro.
51. «Dos cosas llenan mi ánimo de creciente admiración a medida que pienso y profundizo en ellas: el cielo estrellado sobre mí y la ley moral dentro de mí» (Immanuel Kant: *Crítica de la razón práctica*. Buenos Aires, Losada, 1977, p. 171).

52. Gustav Theodor Fechner: *Die Tagesansicht gegenüber der Nachtansicht*. Leipzig, Verlag von Breitkopf & Härtel, 1919.
53. Sigmund Freud: *Jenseits des Lustprinzips*. Leipzig, Viena-Zúrich, Internationaler Psychoanalytischer, 1920.
54. Otto Veraguth (1870-1944), neurólogo suizo que en el año 1900 publicó un estudio sobre el fenómeno al que denominó «reflejo psicogalvánico». En su investigación demostró que estímulos emocionales causaban desviaciones en un galvanómetro al aplicar electrodos en la piel.
55. En alemán se trata de un juego de palabras entre *Gattungsbegriffen* (conceptos genéricos) y *Begattungsgriffe* (apareamientos sexuales).
56. Eduard Hitschmann (Viena, 1871 – Gloucester, Massachusetts, 1957) perteneció al círculo de los primeros psicoanalistas vieneses. En 1938, durante la anexión de Austria por Alemania, se exilia a Boston, Estados Unidos.
57. Paul Ferdinand Schilder (Viena, 1886 – Nueva York, 1940), psicoanalista heterodoxo filosóficamente influido por la fenomenología de Husserl y por la *Gestaltphilosophie* alemana de él derivada, bajo cuya impronta escribió su propio libro *Imagen y apariencia del cuerpo humano. Estudios sobre las energías constructivas de la psique*.
58. El austriaco Julius Wagner-Jauregg (1857-1940) fue catedrático de Psiquiatría en la Universidad de Viena de 1893 a 1928. Fundador de la piroterapia, consistente en provocar cuadros febriles en enfermos, fue galardonado en 1927 con el premio Nobel de Medicina. Aunque su primera esposa era judía, se hizo nazi y antisemita abogado de la eugenesia, lo cual degradó su imagen pública.
59. En 1895 se inauguró en el Prater de Viena un parque de atracciones, muchas de las cuales se conservan.

60. En Viktor Frankl: *Escritos de juventud 1923-1942*. Barcelona, Herder, 2007.
61. *Internazionale Zeitschrift für Psychoanalise*. Hay que recordar que Frankl acaba el bachillerato en el año 1923 e inicia sus estudios de Medicina en 1924.
62. Frankl se está refiriendo a la aguda obra del autor danés titulada *La enfermedad mortal*. Barcelona, Edicomunicación, 1995.
63. Edgard Zilsel (Viena, 1891 – California, 1944), historiador y filósofo de la ciencia austriaco, pionero de la «sociología de la ciencia».
64. Frankl utiliza frecuentemente el término heideggeriano *Dasein* para subrayar la diferencia del humano respecto de los demás entes.
65. «*Adlerian psychology at its best.*»
66. El papa Inocencio condenó la herejía pelagiana en el año 417, tras de lo cual san Agustín (Salmos 131,10) escribió: «Habiendo hablado Roma, se acabó el litigio».
67. Brno (Brünn en alemán) está situada a cuarenta kilómetros de Austria y a sesenta de Eslovaquia y es la segunda ciudad más grande del Magraviado de Moravia (República Checa).
68. Lesión del giro angular del lóbulo parietal del hemisferio izquierdo. El paciente confunde la *b* con la *d* y la *p* con la *q* y presenta básicamente cuatro síntomas: alteraciones en la capacidad de expresar ideas por escrito (agrafia), incapacidad para realizar operaciones aritméticas sencillas (acalculia), imposibilidad de reconocer los dedos de la mano (agnosia digital) y desorientación derecha-izquierda.
69. Experimento definitivo, crucial.

70. Valor de supervivencia.
71. Frankl utiliza aquí la expresión latina *ceteris paribus* (en propiedad habría debido decir *caeteris paribus*).
72. El político socialdemócrata Bruno Pittermann (1905-1983), viejo amigo de Viktor Frankl, le invitó a escribir un libro sobre sus vivencias en los campos de concentración. Presidió el Parlamento austriaco y desde 1964 a 1976 la Internacional Socialista.
73. La *Habilitationsschrift* es una especie de segunda tesis doctoral con el rigor y la profundidad científica necesarios para la docencia universitaria en su rango más alto.
74. Presidente de la American Psychological Association y más tarde de la Society for the Psychological Study of Social Issues. Durante la Segunda Guerra Mundial llegó a ser miembro del Consejo Nacional de Investigación de Estados Unidos.
75. Los libros tienen su destino (Terentianus Maurus, *De litteris, de syllabis, de metris*).
76. «Al ir iba llorando llevando la semilla; al volver vuelve cantando trayendo sus gavillas» (Salmos 125).
77. Saint-Exupéry: *L'Avion*, capítulo III.
78. Se trataba de Raúl Alfonsín. Información que agradezco a Luis de la Peña.

Su opinión es importante.
En futuras ediciones estaremos encantados
de recoger sus comentarios sobre este libro.

Por favor, háganoslos llegar a través de nuestra web:

www.plataformaeditorial.com

Para adquirir nuestros títulos,
consulte con su librero habitual.

«*I cannot live without books*».
«No puedo vivir sin libros».
THOMAS JEFFERSON

Desde 2013, Plataforma Editorial planta un árbol
por cada título publicado.